基于生态学的英语翻译多维实践

李志慧 著

天津出版传媒集团

天津科学技术出版社

图书在版编目（CIP）数据

基于生态学的英语翻译多维实践 / 李志慧著. -- 天津 : 天津科学技术出版社, 2023.8
ISBN 978-7-5742-1487-3

Ⅰ.①基… Ⅱ.①李… Ⅲ.①英语－翻译－研究 Ⅳ.①H315.9

中国国家版本馆CIP数据核字(2023)第144991号

基于生态学的英语翻译多维实践
JIYU SHENGTAIXUE DE YINGYU FANYI DUOWEI SHIJIAN

责任编辑：房　芳

责任印制：王品乾

出　　版：	天津出版传媒集团 天津科学技术出版社
地　　址：	天津市西康路35号
邮　　编：	300051
电　　话：	（022）23332397
网　　址：	www.tjkjcbs.com.cn
发　　行：	新华书店经销
印　　刷：	河北万卷印刷有限公司

开本 710×1000　1/16　印张 16　字数 210 000
2023年8月第1版第1次印刷
定价：98.00元

前言
Foreword

在全球化背景下，人们的交流和合作不断加强，对翻译的需求也越来越大。然而，这种交流中常常伴随着文化冲突和误解，这使得翻译研究开始关注跨文化交流的生态问题。此外，生态学在20世纪末逐渐崛起，对各学科产生了深刻影响。翻译学界开始反思翻译实践对文化多样性和语言生态的影响。因此，生态翻译学应运而生，试图将生态学的原则应用于翻译领域，关注翻译过程中的文化多样性、生态平衡和共生关系。生态翻译学旨在提高翻译质量，保护和传承各种文化，促进人类和谐共生。

本书旨在从生态翻译学的角度，深入探讨英语翻译的多种实践，强调在全球化背景下，如何更好地传承和保护文化多样性，实现翻译过程中的生态平衡。全书共分为十章，涵盖了生态翻译学的基本概念、理论、方法，以及在公示语翻译、商务英语翻译、文学翻译、影视翻译、科技翻译、法律翻译等领域的应用实践。本书将生态翻译学理论与实际翻译工作紧密结合，从生态平衡、文化多样性、共生关系等方面提出具有指导意义的翻译策略。同时，本书注重实践与案例分析，通过对多个领域的具体翻译案例进行深入剖析，让读者在理解理论的基础上，能够更好地将生态翻译学应用于实际工作。

本书对于翻译行业从业者、翻译教育工作者和研究生态翻译学的学者来说具有很高的实用性。它既提供了生态翻译学的基本理论知识，又为翻译实践者提供了丰富的实践指导。此外，本书还关注英语教学中的生态教育与跨文化交流，这对于英语教师和学习者而言，具有很高的参考价值。

本书力图为翻译行业和英语教育领域提供一种生态的视角和思维方式，推动生态翻译学的发展与应用。笔者期待这本书能引起读者对生态翻译学的关注，进一步开阔翻译领域的研究视野，并为翻译工作者提供有益的指导和启示。

在未来，笔者希望生态翻译学能够与其他学科紧密结合，实现跨学科整合，以促进翻译研究的深入发展。同时期待在技术创新的推动下，生态翻译学能够不断完善，将现代科技与传统翻译理念相结合，为提高翻译质量和保护文化生态做出更大贡献。

最后，笔者期待生态翻译教育的发展与完善，将生态翻译理念和伦理观融入翻译教学和培训中，培养一代又一代具备生态意识和跨文化交际能力的翻译人才。这将有助于提高翻译质量，传播生态翻译伦理观，为世界各国的文化交流和互动提供动力。

本书是笔者对生态翻译学研究与探索的成果，笔者希望它能为广大读者带来启示和收获，希望本书能够为推动生态翻译学的研究和发展，为人类文化交流的繁荣与和谐做出应有的贡献。

目 录
Contents

第一章　生态翻译学概述 ·· 001
　　第一节　生态翻译学的起源与发展 ··· 003
　　第二节　生态翻译学的研究对象 ··· 006
　　第三节　生态翻译学的研究方法 ··· 010
　　第四节　生态翻译学的核心术语 ··· 013
　　第五节　生态翻译学的生态理性 ··· 023
　　第六节　生态翻译学的伦理原则 ··· 028

第二章　生态翻译学与英语翻译的关联 ·· 035
　　第一节　语言生态系统的共生 ·· 037
　　第二节　文化多样性的传承与尊重 ··· 041
　　第三节　翻译过程中的生态平衡 ··· 045

第三章　生态翻译学在公示语翻译中的实践 ·· 047
　　第一节　公示语翻译 ·· 049
　　第二节　公示语生态翻译应用 ·· 057

第四章　生态翻译学在商务英语翻译中的实践 ·· 061
　　第一节　商务英语概述 ·· 063
　　第二节　商务英语翻译派别和标准 ··· 071
　　第三节　商务英语翻译生态分析 ··· 079
　　第四节　商务英语文本翻译中的生态语境 ·· 082

第五节　商务英语生态翻译应用 ·· 084

第五章　生态翻译学在文学翻译中的实践 ························· 097
第一节　文学翻译的理论思考 ·· 099
第二节　文学翻译中的生态学原理体现 ·································· 118
第三节　生态翻译学视角下的文学翻译应用 ··························· 128
第四节　生态翻译学视角下文学翻译教学策略 ························ 145

第六章　生态翻译学在影视翻译中的实践 ························· 149
第一节　影视翻译的生态意义 ·· 151
第二节　英语影视作品翻译案例分析 ····································· 159
第三节　生态翻译对影视翻译的贡献 ····································· 166

第七章　生态翻译学在科技翻译中的实践 ························· 171
第一节　科技翻译的生态特点 ·· 173
第二节　英语科技文献翻译案例分析 ····································· 179
第三节　生态翻译对科技翻译的贡献 ····································· 187

第八章　生态翻译学在法律翻译中的实践 ························· 189
第一节　法律翻译的生态挑战 ·· 191
第二节　英语法律文件翻译案例分析 ····································· 194
第三节　生态翻译在法律翻译中的重要性 ······························ 201

第九章　英语教学中的生态教育与跨文化交流 ·················· 203
第一节　生态教育在英语教学中的意义与作用 ······················· 205
第二节　生态翻译理论在跨文化交流中的应用价值 ················· 209
第三节　培养具备生态意识的英语学习者 ······························ 214

第十章　生态翻译学的未来发展趋势与期望 ····················· 219
第一节　语言生态系统的保护与复兴 ····································· 221

第二节　技术创新在生态翻译学中的应用…………………… 231
第三节　国际合作与跨学科整合…………………………… 235
第四节　生态翻译教育的发展与完善……………………… 242
第五节　生态翻译伦理观的重塑与传播…………………… 244

参考文献………………………………………………………… 247

第一章　生态翻译学概述

第一章　生态翻译学概述

第一节　生态翻译学的起源与发展

生态翻译学研究和发展是一个循序渐进的过程。在生态翻译学的构建过程中，如果将本书最终所构建的理论话语系统当作该"过程"的输出结果，这种输出必然会有其输入，即必然会有生态翻译学产生、发展的基础、前提和条件，等等。而过去是未来的前奏，知晓生态翻译学发展的历史，也就把握了生态翻译学发展的未来。

一、生态翻译学产生的背景

很多理念都是在一定的时代背景和社会思潮影响下提出的。在现代社会和学术发展的引导下，生态翻译学也在逐渐产生和发展。众所周知，人类社会自 20 世纪 60 年代以来，由工业文明向生态文明进行了转变。20 世纪 70 年代以后，中国逐渐开始重视生态环境问题。此后，提出了科学发展观和可持续发展的理念，同时提出"人类文明应从工业文明向生态文明转型"的观点。为了适应社会的发展，在不同的翻译研究领域，将会引入"生态"维度。

从认识论到本体论，从人类中心到生态整合转型，这是当代哲学必须面对的。不难看出，这使翻译研究人员从"翻译生态学"的角度跨越思想领域，扩大了翻译活动的视角，形成了生态翻译的研究路径。翻译适应选择的理论基础是从生物与生态环境的关系入手，从本质上讲是生态学路径的，这一点从 2001 年研究起步时就已定位，此后按照该路径的其他研究也是这样进行的。但 2003 年至 2004 年的翻译适应选择论研究中的"适者生存"理论与"自然选择"理论之间的梳理明显缺乏，依赖两个学科（生态学和生物学）关系的研究也没有深入进行。这在一定程度上是根据翻译理论的适应性选择的延伸而产生的影响，这会使未来生态翻译在建设过程中遇到困难。笔者通过对相关文献进行研究，发现最早的生态学是从植物生态学开始的,而动物生态学伴随着植物生态学的发展才得以发展。众所周知,生物学的研究对象既包括动物又包括植物,生态学不是孤立地研究环境和生物有机体,而是研究生物有机体和环境以及互为环境的生物之间的辩证关系。

系统的翻译理论研究,从生态学的发展角度来看,前期的翻译适应选择论和后期的生态翻译学是"同源"的,本质上是一致的。

前期的翻译适应选择论研究定位在系统的翻译理论,但翻译理论研究与翻译学研究是不在一个层面上的。换句话说,翻译适应选择论研究相对于整体的翻译学来说,只属于"中低端"的研究。随着生态学视角翻译研究的深化和拓展,宏观生态理念之下的整体翻译生态体系研究产生了,而这种宏观的、整体的翻译生态体系研究,实际上与翻译学研究在同一层面。由此看出,在整体的生态理念的观照之下,前期翻译适应选择论的中观和微观研究与宏观的整体翻译生态体系研究很有可能相关联。也就是说,这将有可能使翻译研究的"翻译学架构""翻译论体系""译本形成"三个层次的研究有机地"打通",使微观的翻译文本操作研究、中观的翻译本体理论研究、宏观的翻译生态体系研究实现统一,其产生的结果是三效合一的、"三位一体化"的生态翻译学的理论体系构建便有可能顺理成章了。生态翻译学起步于2001年,立论奠基于2003年,倡学整合于2006年,全面拓展于2009年,可谓"三年一小步,十年一大步",显示出它艰难的研究历程。对于生态翻译学的产生和发展,其中不仅仅有中国因素,还有全球因素;不仅有内部因素,还有外部因素;不仅有人为因素,还有客观因素。同时,生态翻译的起源和发展也是一种社会需要、文化需要和学术需要,促使翻译学习领域的视野更加开阔。因此,在21世纪初期,翻译学就开始发展了。

生态翻译学的三个立论基础是其客观性、存在性和可持续性的重要前提和理据。其逻辑思路是如果没有"关联序链"的启示和指向,就不可能思考翻译活动(翻译生态)与自然界(自然生态)的关联和共通问题;如果没有翻译活动(翻译生态)与自然界(自然生态)类似性和同构性问题的进一步研究,就不可能将适用于自然界的"适应/选择"学说引入翻译学的研究中去;如果没有将"适应/选择"学说引入翻译学研究,就不可能构建翻译适应选择论的理论体系;如果没有以翻译适应选择论的理论体系为基础,就不可能进一步开发和拓展宏观生态理念、中观本体理论、微观文本操作的生态翻译学的"三层次"研究。由于生态翻译学"三层次"的研究,实现了相对完整的生态翻译学理论体系的构建。这是一个循序渐进、由局部到整体、由小到大、逐渐归为系统化的发展过程。

经过21世纪第一个10年的研究,生态翻译学的研究成果增多,研究思路和发展取向日益明确,生态翻译学的宏观翻译学、中观翻译论、微观译本的"三层次"研究格局已形成。同时,随着理论应用和实证研究范围的逐步扩大和学术影响力的逐步提升,研究队伍呈现壮大之势,国际、国内的交流与合作计划均在实施之中。总之,生态翻译学正在一步一个脚印地发展。

二、持续不断的发展

对任何学问领域或学科的持久发展来说,理论的活力和持续的关注与运用都至关重要。对生态翻译学而言,其在学术界的应用非常广泛,表现在各种形式的研究论文、专著、研讨会议题以及主题讲话中。而且,生态翻译学的成果和专著一经出版,便在全球范围内的翻译学界引起了各种评论。此外,为了使翻译更好地适应选择论和生态翻译学的发展步伐,出现了各种对相关理论观点的描述和异议,这些都在一定程度上展示了翻译研究学者对生态翻译学发展的关注、推动和助力。

历经10多年的风雨,生态翻译学的形成与发展已然成为一个客观的事实,并引起国内外人们广泛的关注。回顾过去10年的历程,生态翻译学经历了三个阶段:整合"倡学"、探索"立论"、拓展"创派"。研究者正在开阔他们的视野,以更深远的见解推动生态翻译学的发展,使其在科研开发、理论构建、国际交流、基地建设和队伍整合等方面展现出良好的发展趋势。

第二节 生态翻译学的研究对象

一、翻译生态

生态环境,即由生态关系组成的环境,是指"影响人类与生物生存和发展的一切外界条件的总和"(《辞海》),而翻译生态指翻译主体之间及其与外界环境之间的相互联系、相互作用的状态。也就是说,翻译生态是翻译主体在其周围环境的生存和工作状态。

参照字典解释和类比生态学解释,翻译生态环境可定义为"影响翻译主体生存和发展的一切外界条件的总和"。这里的主体是广义的,即参与翻译活动的一切生命体,包括原文作者、译者、读者、翻译发起人、赞助人、出版商、营销商、编辑等,即"翻译群落"。而外界环境可包括与翻译活动有关的自然经济环境、语言文化环境、社会政治环境等。翻译生态环境由各要素交织而成,是翻译活动发生、存在、发展的各种自然的、人文的因素的总和。

翻译生态环境还指与翻译相关的多种外界因素的"集合"。在这一点上,翻译生态环境与翻译生态有同义、通用之处但也有所区别,其区别在于,翻译生态所指重在"整体""整合"的状态,而翻译生态环境重在"众多""具体"的环境元素。

翻译生态和翻译环境以一个整体的形态存在。译者在特定的生态环境中起作用,并受其他翻译主体的牵制。译文必须遵守译入语文化规范或受社会政治权力的制约。翻译生态环境对任何翻译主体都是一个统一体，不可超脱，不可逾越，只能顺应。人为地破坏翻译生态场的序列和翻译环境的秩序，就破坏了翻译生态环境的整体要求。

翻译生态环境是有层次的，可分为宏观、中观和微观层次。以上讨论的主要是宏观的"大环境"，或是一般环境。从宏观上看，不同国家有不同的社会政治制度和语言政策，不同语言集团有不同的翻译政策。从中观上看，即使在同一国家，从事文学翻译的与从事应用翻译的翻译生态环境也不完全相同。从微观上看，翻译研究的内部结构，如理论、应用、批评、历史等也具有差异。再往细说，不同个体的翻译生态环境也存在差异。

笔者在这里还想说明的是，翻译生态环境与语境在基本概念、所指、范围以及视角等方面均有不同。语境，就是使用语言的环境。语境是以使用语言为参照，不包含语言本身或语言使用。而构成翻译生态环境的要素包含了原语、原文和译语系统，是译者和译文生存状态的总体环境。它既是制约译者最佳适应和优化选择的多种因素的集合，又是译者多维度适应与适应性选择的前提和依据。特别是根据"自然选择"的基本原理，译者在翻译过程中的第二个操作阶段里是在接受了翻译生态环境选择的前提下，又转过来以翻译生态环境的"身份"实施对最终行文的选择，而"语境"无此特定的功能。因此，"翻译生态环境"概念的内涵和外延都要比翻译的"语境"更宽泛一些。可以说，翻译生态环境是把翻译看作整体的"翻译生态系统"，并以此为视角对翻译行为进行综观和解读。这也是人们将翻译生态环境简称为"译境"的理据之一。

翻译生态环境是生态翻译学的一个关键术语。由于生态翻译学的早期研究将翻译描述为"译者为适应翻译生态环境而对文本进行移植的选择活动"，因而翻译过程即译者的适应与译者的选择。因此，这里的"翻译生态环境"指的是原文、原语和译语所呈现的"世界"，即语言、交际、文化、社会，以及作者、读者、委托者等（即"翻译群落"）互联互动的整体。翻译生态环境是制约译者最佳适应和优化选择的多种因素的集合。这里的"世界""整体""集合"等指的是与翻译有关的生态环境的总和。因此，翻译生态环境既有大环境、中环境、小环境的不同，又有外部环境与内部环境的区别；既包括客体环境（如原文本、译本、文体功能、翻译策略、翻译规约等）与主体环境（译者、作者、读者、出版商、洽谈商、审稿人等），又包括物质环境与精神环境，等等。

可以这么说，对于翻译而言，译者以外的一切都可以看作翻译的生态环境；同时，每个译者又都是"他者"翻译生态环境的组成部分。生态系统的复杂性体现在生态系统多维度、多层次的内嵌性上，即整体的大系统之下有子系统，子系统之下又有子系统，从而形成纵向无限可分、横向互为环境的翻译生态体系。

二、文本生态

所谓文本生态（译本），即文本的生态环境与文本的生命状态。

用生态翻译学的术语来说，原语是一个文本生态系统，译语是另一个文本生态系统。原语的文本生态系统涉及原语系统里的语言生态、文化生态、交际生态等；译语的文本生态系统涉及译语系统里的语言生态、文化生态、交际生态等。

语言生态、文化生态和交际生态均有大小之分。大的语言生态可以指大语种和小语种及濒临灭绝的语种的和谐共存，小的语言生态可以指一个翻译文本内各语言要素之间的关系；大的文化生态可以指优势文化和弱势文化及濒临灭绝的文化的和谐共存，小的文化生态可以指一个翻译文本内多种文化要素之间的关系；大的交际生态可以指国际交往和区域间交流及个体间交际的关联与交集，小的交际生态可以指一个翻译文本内交际意图和交际行为的互动关系。

生态翻译学以"文本生态"为研究对象，探讨原语文本生态系统与译语文本生态系统的特征与差异，考察原语生态与译语生态在移植、转换过程中的规律和机制，研究译本生存的状态、"短命"或长存的原因，以及寻求译本生存和长存之道，从而为翻译策略选择和解读文本的"可译性"或"不可译性"提供新的生态视角和理论依据，最大限度地发挥翻译的效能和发掘译本的价值。

三、翻译群落

所谓翻译群落（translation community），指的是与特定翻译活动的发生、发展、操作、结果、功能、效果等彼此影响、相互作用的，与翻译活动相关的"诸者"的集合体。换句话说，指的就是翻译活动中涉及的"诸者"，即人，包括原文作者、译者、译文读者、译文评论者、译文审查者、译文出版者、营销者、赞助者或委托者等，当然是以译者为代表。

从生态翻译学的视角来看，只有以译者为代表的"翻译群落"，才能够统筹协调"翻译环境"（译境）、"翻译文本"（译本）、"翻译群落"（译者）三者之间的相互关系，从而通过"译者责任"来体现"境、本、人"关联互动、平衡和谐的翻译生态整体观。换句话说，在"翻译群落"生态系统中，译者有责任协调各方关系，有责任践行生态理性，有责任保持生态平衡，有责任维护生态和谐。也可以这么说，译者只有对包括文本、翻译群落和翻译生态环境在内的一切"他者"承担责任，从生态整体主义和生态理性的视角审视自己与一切"他者"的关系，才能将一种更大的责任意识融入翻译活动之中。

四、"三生"主题及其相互关系

由以上可知，所谓"三生"，即翻译生态、译本生命和译者生存，其以"生"字为线索展开研究和论述，表明"生"是生态翻译学发展之基石。

而"三者"指的是"译境""译本""译者"，它以"关系"为线索展开研究和论述，表明生态翻译学是探讨此三者关系的"关系学"。尽管立论线索不同、观察视角各异、研究指向有别，但"三生"和"三者"

都基于"译境""译本""译者";而这些又都是共通的、一致的,都是生态翻译学的研究对象与核心内容。

一方面,译者适则生存、发展,译本适则生存、长效。译者的生存、发展,即译者的"生存"状态;译本的生存、长效,即译本的"生命"状态。译者、译本的生存、生命状态的环境,即翻译生态环境。译者的生存状态取决于译本的生命状态;而译者的生存状态与译本的生命状态既是翻译生态的一部分,又依赖翻译生态。这样一来,译者"生存"、译作"生命"、翻译"生态"(即"三生"主题)便形成了一种关联互动、相互依存、动态平衡的"人事"关系(即"三者"关系)。

另一方面,前面阐述的"境、本、人"排序,以"境"为限,以"本"为据,以"人"为本,可以体现出较强的逻辑性、科学性和实践性。因为它符合"关联序链"的指向(语言、文化社会/交际等),符合翻译过程的实际(译者通常是先要适应环"境"、理解原"本",而后再要适应环"境"、选定表达译"本"的),符合翻译研究"转向"的现状(由"翻译自转"到"语言转向"再到"文化转向")。

第三节 生态翻译学的研究方法

从上述的讨论中,人们可以看到翻译生态学和自然生态学之间的相似性。这不仅表明在自然生态学和翻译生态学之间存在可遵循的相似规律,还意味着自然生态的一些规则同样适用于翻译生态学。此外,这种相似性也为研究者运用类比方法进行翻译生态研究提供了基础和理论支持。

在生态翻译学中,一个重要的研究方向是"概念移植"。如果研究者认为使用类比方法进行生态翻译学研究是可行且有理论基础的,那么"概念移植"的研究就理所当然。这种概念移植可能包括各种层面,如生

第一章 生态翻译学概述

态概念的移植，生态原则的移植，甚至生态术语的移植。

在生态翻译学中，人们可以看到各种概念的移植，如自然生态概念的移植、生态环境概念的移植、生态平衡概念的移植、生态美学概念的移植、生态和谐概念的移植等。同样，人们也可以看到各种生态原则的移植，如系统性原则的移植、动态性原则的移植、多样性原则的移植、尺度原则的移植、反馈原则的移植等。此外，生态术语的移植也十分常见，如"生态环境"变为"翻译生态环境"，"生态链"变为"翻译链"，"生态群落"变为"翻译群落"，"生物生存"变为"译者生存"，"自然选择"变为"译者的选择性适应与适应性选择"等。这些相似的类比和概念移植可以被视为学科交叉或跨学科研究的实证。

生态翻译学的系统观研究方法受其生态整体主义理论指导。由于生态学是一种基于整体主义的科学，它强调相互关联、相互作用的整体性，这种整体观是当前生态理论的核心观念，因此，无论研究者是将生态翻译学视为翻译研究的生态学方法，还是从生态学的视角来看待翻译研究，都需要用生态学的整体观来指导自己的研究，进行系统的、全面的审视。这既是生态翻译学的主要研究内容，也是其主要的研究方法。

例如，研究者在研究"翻译生态系统"时，不能仅仅关注"翻译本体生态系统"（这在过去的研究中常常是重点），还需要全面考虑"翻译教育生态系统""翻译市场生态系统""翻译管理生态系统"，以及共同依赖的"翻译环境生态系统"等，从而进行系统的全面审视。

又如，研究者在进行"翻译史"研究时，要以"关联序链"为线索，从翻译生态、语言生态、文化生态、社会生态、自然生态等视角，对翻译活动进行历时的和共时的系统研究和审视。如果研究者只是从某个视角、某个侧面、某个维度来进行研究，那么其很难看到全局，对于如此大的研究课题来说，偏颇便在所难免。

这里需要强调两点：首先，关注整体性、系统性，这是中华文化的精髓之一，这种"整体思维"的哲学理念必然会作为方法论反映在中国学者的研究行为中；其次，对于翻译研究而言，其他不同的研究途径也可能会关注"整体"和"系统平衡"，但它们与生态翻译学对翻译生态整体的关注有所不同——前者是由人的认知和能力决定的，是人为的、因人而异的；后者则是由生态系统的本质特性所决定的，是自然的、必然的。换言之，只要研究者从生态系统、生态理性的视角来看待翻译，其就必须自然地、必然地思考系统的关联互动、平衡协调与整体和谐。否则，那就不是从生态视角进行的翻译研究。其原因在于，生态系统的整体性、系统性是由生态系统自身的"生存需求"所决定的，它是机制性和体制性的。

生态翻译学的研究方法鼓励研究者从广阔的视角来看待翻译，而不是以单一或狭窄的视角。它要求研究者将翻译看作一个整体系统，其中的各个部分都是互相关联、互相影响的。在这个系统中，翻译不仅仅是一种语言活动，更是一种涉及教育、市场、管理和环境等多种因素的复杂社会活动。

在考虑翻译问题时，研究者要从历时性和共时性的角度入手，这意味着其既要考虑翻译活动在时间上的发展和变化，也要考虑在同一时间点上各个部分之间的相互关系和影响。这种研究方法可以让研究者更全面、更深入地理解翻译活动，避免因为视角狭窄或片面而导致的偏颇理解。

总的来说，生态翻译学的研究方法要求研究者从整体性和系统性的角度来看待翻译，强调考虑各种因素的相互关联和影响，并从历时性和共时性的角度进行研究。这种研究方法不仅符合生态系统的本质特性，还反映了中华文化中的整体思维哲学理念。因此可以说，生态翻译学的研究方法不仅是其主要的研究内容，也是其主要的研究方法。

第四节 生态翻译学的核心术语

生态翻译学创造性地将生态学范式引入翻译研究，以统观全局的视角为翻译学的进一步发展开辟了新的方向，在学术界引起了不小的研究热潮。学者从"生态""环境""适应""选择""三维转换""整合适应选择度""译后追惩"等核心生态学术语入手，阐释翻译活动和翻译现象的本质、过程、标准、方法、原则等。如今，由翻译与自然环境的类比所衍生出的这些生态特色术语已被不少学者所接受，而生态翻译学重要理念的不断完善对于生态翻译学理论的最终形成起到了奠基作用。

与传统的翻译研究范式相比，生态翻译学关注翻译环境的整体性、关联性、平衡性、动态性、多样性以及统一性，注重译文的生态体系和译者的生存状态，指出翻译活动要以"译者为中心"，译者要做到"译有所为"，在语言、文化、生态、自然、社会、人类、交际等生态因子间建立起"关联序链"，以语言维、文化维、交际维等维度的适应与选择为导向，创造出"整合适应选择度"最佳的译文，促进翻译系统的生态平衡。

一、翻译生态环境

翻译是为了让作品在异域文化中被接受、被认可，从而广泛传播，形成一定的影响力，因而文本存活的生态环境显得尤为重要。上面已提及，"翻译生态学（translation ecology）"是爱尔兰学者迈克尔·克罗宁于2003年提出的一个概念，随着这一术语的问世，学术界众多学者开始深入探讨翻译与生态之间的关系。

胡庚申将生态思维融入翻译领域，他认为翻译与生物界之间是有关联的①。翻译是不同语言之间的转换，而语言代表的是一个民族特有的文

---

① 胡庚申.翻译适应选择论的哲学理据[J].上海科技翻译，2004（4）：1-5.

化内涵，文化又是人类在长期社会历史发展过程中所创造的的物质财富和精神财富的总和，人类作为生物进化的产物，是生物界的重要组成部分，因而可以说，翻译、语言、文化、人类、生物界之间存在一条环环相扣的关系链，它呈现出翻译活动与生物界彼此通融、彼此作用的互联关系，如图 1-1 所示。

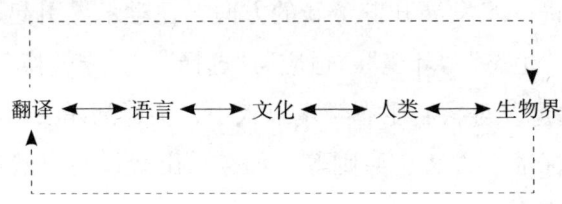

图 1-1　翻译活动与生物界之间的互联关系

胡庚申将达尔文理论中的"生态环境"这一定义进一步扩展为"翻译生态环境"这个全新理念，提出翻译生态环境由无机环境和翻译群落组成，前者主要指源语文本所呈现的社会、历史、政治、经济、交际等相关因素组成的一整个文化生态价值体系，而后者着重翻译过程中所涉及的翻译主体，包括译者、读者、翻译研究者等，而这一体系中的各要素处于平衡、互动、和谐、共生的状态。①

除了胡庚申，还有不少学者对"翻译生态环境"提出了自己的见解。许建忠教授也从生态学视角出发，对翻译活动与生态环境的相互关系进行深入研究，阐明翻译生态环境是以翻译为中心，对翻译的产生、存在和发展起着制约和调控作用的 N 维空间和多元环境系统。他强调翻译的内部环境和外部环境的多维性、系统性，注重译者对翻译环境中各类因素的综合运用。②方梦之教授认为翻译生态环境由翻译生态（场）和翻译环境组成，具有动态性、层次性和个体性，是一个不可逾越的统一体。③

---

① 胡庚申.翻译适应选择论的哲学理据 [J].上海科技翻译，2004（4）：1-5.
② 许建忠.翻译生态系统的调控机制 [J].中译外研究，2020（1）：254-262.
③ 方梦之.再论翻译生态环境 [J].中国翻译，2020，41（5）：20-27，190.

译者作为整个翻译生态系统中的一个组成因子,要适应并融入特定的生态场,这样才能促进翻译生态环境的可持续发展。学者对翻译生态环境的探讨与研究从一定程度上论证了翻译实践与其所在的环境体系是有关联的,源语、源语背后的文化生态体系以及译语、译语背后的文化生态体系紧紧交织在一起,促进了各生态因子之间的互联互动。

在胡庚申的理论范式下,翻译生态环境由源语世界和译语世界等大型生态环境组成,它以翻译活动为中心,是一个制约且调控着翻译整个发展过程的复杂、多元的系统。这一概念比语境更为宽泛,它涵盖面很广,涉及语言、文化、经济、社会、交际等,具有开放性、动态性、平衡性、变异性、兼容性等特征。可以说,除了译者以外,这个系统中其余一切要素均可视为翻译生态环境的组成部分,而译者和译文的生存完全依赖于翻译生态环境。译者处于这一动态多变的复杂环境中,需对各种因素进行综合考量,恰到好处地做出契合于译入语生态环境的选择,译出高水平、高质量且能够肩负起文化传播这一重任的优秀译文。

翻译生态环境以全面的、潜移默化的、渗透的方式对翻译整个过程产生深刻影响,将翻译的整个过程类比为翻译生态环境,体现了生态学和翻译学的有机无间性融合,能真正实现语言、文化、交际、社会等要素的互联互动,使翻译生态与翻译环境互相契合、共求发展。

二、适应与选择

翻译实践中不可避免地会涉及大量"适应与选择"问题。而关于"适应"与"选择"一说,在我国古典翻译文论中早有论及。前秦的释道安曾在《摩诃钵罗若波罗蜜经抄序》中提出了著名的"五失本"与"三不易"翻译思想,其中的"一不易"便是"圣必因时,时俗有易,而删雅古,以适今时",即译者应随时代的变更对言论加以适当删改,以适应当今的时俗,这就鲜明地体现了"适应"与"选择"的核心翻译理念。

达尔文的"自然选择"和"适者生存"学说是生态翻译学的重要理

论基础。翻译实践中译者所作的译文在翻译生态环境中所面临的优胜劣汰与自古以来人类在大自然中所遵循的"求存择优"自然法则具有相通性，无论是处于翻译生态体系中的译者还是处于大自然中的人类，都需要不断地对环境做出正确、合理的选择，如此才能继续生存。生态翻译学的核心理念之一即"翻译即适应与选择"，在生态学研究范式下，翻译研究可看作译者不断适应翻译生态环境的选择活动。捷克翻译家彼得·纽马克认为："翻译理论的重点并不在源语篇或目的语篇的运作原理上，而是该过程中的选择与决定。"[1]源语生态环境和译语生态环境具有极大的不对称性，因而在翻译过程中，译者会面临一系列的选择。为了能较好地适应译入语及其代表的文化体系、读者群体、出版商、赞助商等要素，提高翻译效能和译作质量，译者必须历经无数次的、连续不断的选择和处理过程，而这些选择互相串联，并贯穿翻译活动的始终，共创翻译文本的语境。

胡庚申提出，译者的基本能力是对原文文本的判断力、翻译环境的适应能力、追求译作良好质量的能力等所具有的动态互动选择和适应的内在能力。[2]这已经涵盖了一名优秀译者所需具备的所有能力。译者需依据译文质量的高低，接受翻译活动的选择法则——优胜劣汰。译者只有对翻译生态环境的"语言内部因素"和"超语言因素"均做到适应和选择，译文才能"生存"且"长存"。

三、译者主体性

在传统翻译学理论中，原文本和原作者处于核心地位，而译者一直处于边缘地位，在翻译活动中被限制发挥"自由度"和"创造性"，但凡有译者超越了"自由度"对主观能动性进行"创造性"发挥，便会被冠以错译、误译、烂译的恶名，对提高翻译文本的质量着实不

---

[1] NEWMARK. Approaches to translation[M]. Oxford：Perga-mon，1982：19.
[2] 胡庚申. 怎样学习当好译员[M]. 合肥：中国科学技术大学出版社，1993：65.

利。彼得·纽马克曾将文本划分为有效文本（valid text）和有缺陷文本（deficient text）两大类，有效文本能有效传达原文旨意，因而译者要忠实于它；而有缺陷文本无法完全传达出文本意义，因而译者可以酌情做出必要处理。虽然纽马克仍持有"文本中心论"的观点，但这一言论明确指出原文本存在缺陷和局限性，不应居于神圣不可侵犯的地位，而译者的能动作用应该得到重视。而且，随着文化转向在翻译研究中的出现，译者的地位也在不断上升。如今译者在翻译实践中得以摆脱"隐形论"的桎梏，可以在一定的自由度内发挥主观能动性，展现出独特的个体风格和时代风貌。

翻译的话语、文本是翻译的客体，而翻译中出现的具有主观能动性的人是翻译的主体。从狭义上看，翻译主体只有译者，但从广义上看，作者和读者等具有主观意识的人也可看作翻译主体。需要注意的是，在翻译主体中，只有译者的身份是多维的，即译者不仅要扮演语言的转换者（当然这是译者的主要身份），还需考虑到其在不同社会体系中的角色定位。生态翻译学的翻译观便是聚焦于人，以译者为中心构成了一条各元素相互关联、相互制约的翻译序链（图1-2）。

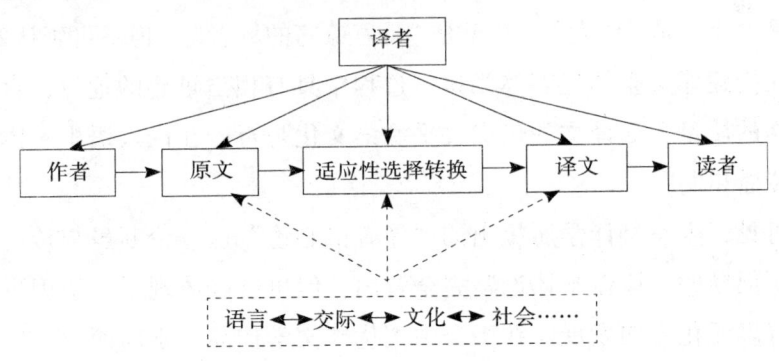

图1-2 译者在翻译活动中的中心地位和主导作用

如图1-2所示，译者居上，成为翻译的主导者，下面各要素如作者、原文、适应性选择转换、译文、读者等串联并行，构成翻译活动的一个互动循环过程,而中心是适应性选择转换,并与原文和译文所代表的语言、交际、文化、社会等相互关联,形成合一整体。①

这就意味着,翻译活动是以译者为中心、强调译者所处的主导地位、彰显译者能动性的活动,而翻译的质量取决于译者的综合素质。至于译者择取何种翻译材料、选定何种翻译策略、利用何种翻译方法进行适应性选择和选择性适应,都依赖于译者的行为本能。具体来说,译者凭借自身的学养、经验、翻译技巧及理念等内部优势,在一个开放性与限制性并存的生态空间里进行翻译活动,先作为读者与原作者进行跨时空的交谈,在领悟原作的主旨风貌后,再以媒介之身在翻译生态环境中对原作进行合理的解读及阐释,最后以再创者之姿呈现原作到译作的终极移植。可以说,译者作为"翻译群落"的翻译主体,需要践行"生态整体主义",对于译文的适应和选择需要考虑时间和空间两个维度下的生态空间。

传统译学以原著为中心,认为翻译只是语言层面的转换,如英国语言学派的翻译理论家 J. 卡特福特提出的"语篇等值"以及清末思想家严复提出的"信达雅"都表明译者要忠于原作信息的传递,译者的角色只不过是中介,是"仆人",甚至是"戴着镣铐的舞者"。但不可否认的是,译者在构建译文整体生态体系这一过程中具有相当重要的地位,直接影响译文的质量,而译文的优劣关乎源语文化是否能在译入语生态体系中顺利传播和发展。

可见,生态翻译学所提出的"译者中心论"这一论断虽与传统中国译学所倡导的"原作本体论"完全背离,但也恰好体现了译学理论体系正朝着多元化方向发展。在当今中国优秀文学作品"走向西方、走向世界"的大背景下,译者创造力和自由度的发挥并非凭空而为,而必须考虑译入语的文化价值生态体系(如译入语环境的文化需求、价值导向以

---

① 岳中生,于增环. 生态翻译批评体系构建研究 [M]. 北京:科学出版社,2016:34.

及目标读者的阅读审美习惯、接受效果等），以兼收并蓄之姿译出整合适应选择度最佳的译文，使源语文化被目标语读者理解、尊重和推崇。

四、三维转换

生态翻译学着眼于译文所营造的整体效果，要求译者在把握好源语及译语文化生态体系的前提下实施"多维转换"，而"三维"是译者所需遵循的基本维度。生态翻译学的三维转换翻译方法一直是研究界的热点。三维转换指在多维度的选择性适应与适应性选择的翻译原则下，相对集中于语言维、文化维和交际维的适应性选择转换。语言、文化、交际三者紧密交织、不可割离。因此，人们在谈论某一个特定维度的适应性选择转换时，并不意味着其他维度的"缺席"，相反，它们同时进行、相互交织，呈现出联动效应。

语言维转换指译者在翻译过程中对语言形式的适应性选择转换。世界上任何语言都具有相通性，英汉两种语言虽属不同语系（英语属于形合语言，汉语属于意合语言），在语法、语音、篇章结构、文体风格等方面存在较大差异，给翻译增加了难度，但这两种语言之间的符号转换仍是可行的，译者在进行翻译实践时，要深入领会原作的文体类型和语言风格，这样才能为自己的译风下一个合适的基调。可以说，语言维度的转换要求译者关注源语环境中的词汇、句法、修辞手法、文体风格等要素，并对其进行一定的增加、删减、合并、更改等，忠实地传达出原文语义，以求对源语生态环境的语言形式做出最佳适应性选择。译者只有了解了语言在结构、形式、文化内涵等方面的差异，掌握了转换技巧和规律，才能顺利地进行相应的"语言移植"。

文化维转换指译者在翻译过程中关注双语文化内涵的传递和阐释。语言是文化的组成部分，是文化的载体，文化只有通过语言才能得以呈现。可以说，文化有了语言的助力，才具备传播性和交际性。世界上每一个国家都有独特的文化内涵，如世界观、人生观、价值观等意识形态，以及哲学、文学、艺术、宗教等思想艺术,包罗万象、异彩纷呈。众所周知,中西方因受地理位置、文化起源等因素的影响,在文化模式和文化特征方面的差异较大,呈现出文化多样性。必须承认,通晓两方文化的确不是件易事,如若不能正确地理解源语和译语两种文化体系,必然无法客观地译出令人满意的译文,有时还会引起文化误读,严重的甚至会引起国家之间的争端,破坏社会的和谐秩序。这就需要译者在处理文化维的转换时,深入了解两种文化体系所呈现的现实世界,适度顺应译入语读者的文化认知,尽量贴近译入语读者的文化规约和习俗,这样才能避免文化误差带来的隔阂,真正实现翻译在文化维度上的传承与传递,达到翻译生态环境的平衡。

交际维转换指的是译者在翻译过程中关注双语交际意图的适应性选择转换。尤金·A.奈达认为语言是用来交流的,翻译就是交际,信息的存在就是为了交流。[①]因此,译者除了需要处理语言维、文化维的适应性选择转换,还需让目的语读者了解源语生态体系下的总体交际意图(包括原文语言形式和文化内涵等显性及隐性要素的传递)。翻译是跨文化交际的重要手段,汉语所承载的文本信息量很大,行文中往往会用到文化负载词,尤其是文学翻译,而译者稍有不慎就会出现误译、漏译等情况,这样就会影响交际意图的顺利实现。王秉钦曾提过,文学翻译的用工有三:"曰译形,曰译意,曰译味。"[②] "形"即语言形式,"意"即文本语义,而"味"是神韵或意蕴。因此,为了让读者理解译入语所呈现的生态环境,译者必须在语言形式、文化内涵等不同层面进行适应与选择,在保证翻译内容忠实性的前提下尽最大力度追求翻译效果,如必要的时候进行词汇补译等,迎合目的语读者的认知习惯、阅读习惯和审美情趣,

---

① 奈达.语言文化与翻译[M].严久生,译.呼和浩特:内蒙古大学出版社,1998:105.
② 王秉钦.文化翻译学:文化翻译理论与实践[M].天津:南开大学出版社,2007:50.

以实现交际维度的有效传递。

翻译是将源语从所属的语言生态环境移植到异质化的译语生态环境的过程。而在此过程中，译者需发挥主体性作用，对译文进行不同层面、不同层次、不同维度的适应性选择转换，以实现文本在另一个生态环境里的成功移植。当下一系列的翻译实践研究已证明，生态翻译学的三维转换翻译法能有效指导译者进行具体翻译实践。译文要被称为优秀，必然是能实现语言维度的信息转换，挖掘出语言符号背后隐藏的深义，并能适应特定的语言环境和文化需求，实现双方交际意图的顺利传递。

五、整合适应选择度

生态翻译学是从整体观视角对翻译活动和翻译现象进行阐释的新兴学科，也是极富特色的中国本土化翻译理论。胡庚申将生态翻译学的评判标准定为"整合适应选择度"，它指的是译者产出译文时，在语言维、文化维、交际维等"多维度适应"，继而依此并照顾到其他翻译生态环境因素的"适应性选择"程度的总和。三维角度侧重从不同视角对译文进行选择，而整合适应选择度提供了一个整合性视角，两者是从属关系。

整合适应选择度受多维转换程度、读者反馈及译者素质三个指标影响。

第一个指标多维转换程度在上面已提及，主要是指语言维、文化维、交际维的适应度。在翻译过程中，译者不能只从单一维度去实施翻译过程，而需要通过三维甚至是多维角度的整合才能适应整体翻译生态环境，从而使译文在形而上层面能够互融互通，达到跨文化交际的目的。总的来说，"整合适应选择度"越高，译文的质量就越佳，而"整合适应选择度"的高低很大程度上由译者对翻译生态环境的"选择性适应"和"适应性选择"程度所决定。

第二个指标是读者反馈。这里的读者不仅仅指译入语读者，还包括专家学者、译作的委托人、出版者、评论者等。胡庚申在《翻译适应选择论》中将读者反馈的参照指标定为六项,分别是出版印数、译文分析、采用情况、译评统计、客户委托和取代更替。这些指标为读者反馈的衡量和界定提供了更多客观的依据。没有人欣赏的作品从来不会是一部好作品,可见读者的反馈对于译作来说相当重要,优秀的译作要在市场经历"优胜劣汰"的残酷过程,才能存留下来。可以说,读者的反馈体现了译文在译入语国家的接受效度;读者对于译文的喜爱和认可反映出了译者的水平;读者的积极评价能大大提高译者的创作积极性,从而译出质量更佳的作品;而读者的消极评价会给译者带来负面影响,降低翻译质量。

　　第三个指标是译者素质。生态翻译学强调"以译者为中心",因此译者的综合素养是决定译作翻译质量的重要因素。无数翻译实践表明,译文的质量高低、译作的成功与否都与译者素质紧密相关。译者的素质包括双语能力、跨文化敏锐度、翻译主体熟悉程度、翻译生态环境的判断能力、市场洞悉度、背景知识、翻译经验以及工作态度。而译者的个人能力、个人阅历、翻译经验、思维的深度和广度、译文难度与译者翻译水平匹配的程度以及译者的责任心等均能影响翻译效果。一般来说,译者所拥有的技能越多、素养越高,所译出的译文质量越好。因此,译者首先要提升自我的双语能力,深入整体翻译生态环境来了解不同文本生态体系的特点,并灵活采用适当的翻译策略进行翻译实践。

　　综上所述,生态翻译学的评价标准具有多元性、互补性和整合性,因此更具信度和效度。用"整合适应选择度"这一评判标准来衡量、评价翻译文本的优劣,能为不同类型的文本翻译提供坚实的理论基础,具有较强的实践指导意义。

第五节　生态翻译学的生态理性

从生态学视角，特别是从生态系统的视角来解读和综观翻译学研究时，人们可以发现，不论自然生态系统还是翻译生态系统，也不论系统大小或层次高低，其生态系统的理性特征非常显著。这些生态系统的理性特征可以概括为注重整体与关联，讲求动态与平衡，体现生态美学，观照"翻译群落"，倡导多样与统一。研究表明，以上这些宏观的生态理性特征可为翻译学研究提供多方面的启示、理念和方法。

一、注重整体与关联

生态学强调整体和关联，重视个体对整体环境的依赖。正如美国学者麦茜特指出的："作为一门自然哲学，生态学扎根于有机论——认为宇宙是有机的整体，它的生长发展在于其内部的力量，它是结构和功能的统一整体。""所有的部分都与其他部分及整体相互依赖、相互作用。生态共同体的每一部分、每一个小环境都与周围生态系统处于动态联系之中。处于任何一个特定的小环境的有机体，都影响和受影响于整个由有生命的和非生命环境组成的网。"[①]

系统内各个组成成分之间相互关联、相互作用的结果使系统成为一个统一的相互关联的整体，并且，这个整体所表现出来的功能不等于各个关联组成成分功能的简单相加，而是大于各个关联组成成分功能之和。生态系统内各关联组成成分间有着互动的联系，其中任一成分的变动，都将引起其他成分的变动。这种"牵一发而动全身"的特征，可以充分说明一种生态行为的产生会受到全局性的多因素影响，这是整体效应的

---

① 麦茜特.自然之死：妇女、生态和科学革命[M].吴国盛，吴小英，曹南燕，等译.长春：吉林人民出版社，1999：84.

体现。同时，这一特征也表明，自然生态中的事物处于一个多维度、多层次的关联整合的网络系统。

　　自然生态系统是这样，翻译生态系统也是这样。翻译生态系统内各相关利益者之间都存在着内在的双向关联互动和重叠交叉现象，这使翻译生态系统构成了一个极其复杂的整体。因此，在研究翻译生态体系时，只是局限于某子生态系统（如翻译本体生态系统）或某一相关利益者（如翻译活动资助者），这是远远不够的。从生态理性视角来看，需要观照不同生态系统之间的关联及其整体性。比如，在讨论生态翻译学理论体系架构时，就需要观照翻译管理生态系统与翻译市场生态系统的整体性关联互动、翻译市场生态系统与翻译教育生态系统的整体性关联互动、翻译教育生态系统与翻译本体生态系统的整体性关联互动，等等。这种观照是生态理性所决定的。

二、讲求动态与平衡

　　在自然界中，生物与生物之间、生物与生存环境之间通过相互作用而形成一定的生态平衡。一方面，外界环境条件的不同会引起生物形态构造、生理活动、化学成分、遗传特性和地理分布等方面的差异；另一方面，生物为适应不同的环境条件也需要不断调整自己。

　　当生态系统中的关联组成成分和比量相对稳定，能量、物质的输入和输出相对平衡，这样的生态系统就处于平衡稳定状态。换句话说，生态系统处于平衡稳定状态时，种群结构和数量比例没有明显变化，能量流动和物质循环的输入与输出接近平衡；当生态系统发生变化时，就会出现反馈和自我调节，从而维持相对平衡。达到生态平衡的生态系统进入了相对稳定的阶段，这种生态系统的生物量最大，生产力也最高，因而自我调节能力也就更强一些。同时，生态系统内部结构愈复杂，其自我调节能力或生存能力也就愈强。

　　翻译是一个复杂的生态系统，由于翻译生态与自然生态具有关联性、相似性和同构性，因此，自然生态中的这种平衡性特征在翻译生态系统中也是存在的。只有通过翻译活动主客体之间、翻译活动主体与其外部生态环境之间的相互作用、相互影响，才能形成翻译生态相互依赖的动态平衡系统。一般来说，翻译生态系统内部具有的自我调节能力大小取决于系统内部以译者为代表的"翻译群落"的能力的大小。

三、体现生态美学

大自然是美的，也是理性的。大自然的美在于它的色彩、线条、声音的丰富；大自然的理性在于它的有序与和谐。大自然是色彩：那灿烂的朝霞，那鲜红的落日，那葱绿的森林，那蔚蓝的天空，那黄色的土地，那蓝色的海洋……；大自然是线条：那宽广的地平线，那闪电的线状，那太阳的圆形，那雪花的菱形……；大自然是音乐：大海怒吼，泉水叮咚，沙沙春雨，潺潺流水，电闪雷鸣，长风高歌，轻风低语，人声，兽语，鸟鸣……大自然以它特有的色彩、线条和声音，以它特有的有序与和谐，唤起人们心中美的形象、美的思考、美的喜悦、美的追求。

这种美的形象、美的思考、美的喜悦、美的追求，在翻译生态里，特别是在翻译过程中表现得尤其充分。翻译研究表明，在翻译学界里，既有人追求翻译的"意美""形美""音美"，又有人坚持翻译的"真""善""美"；在翻译研究中，既有人阐述过"词美""句美""逻辑美"，又有人探讨过"精确美""模糊美""朦胧美"，还有人提倡和讨论"差异美""简洁美"，乃至"啰唆的艺术"，等等。可以这么说，在翻译学研究过程中，无论是宏观层面还是微观层面，人们一直在追求美，一直在讲求"对称""均衡""对比""秩序""节奏""韵律"，而所有这些，又都是生态学的审美要素和生态审美原则。

四、观照"翻译群落"

由于以译者为代表的"翻译群落"的思维方式、教育背景、兴趣爱好、翻译理念、审美标准、实践经验等不同，又由于翻译文本类型、读者需求、读者所接受的文化、流通渠道、传播环境等具有差异，这些主客观因素、内外部环境的不同和差异必然会使"翻译群落"产生不同选择，他们必须动态地调整自己，以适应整体翻译生态环境。同时，翻译的各个生态系统之间也必须相互适应，以便能有效地互动共进。将以译者为代表的"翻译群落"作为整体加以观照，这是翻译生态系统具有的整体、关联、动态、平衡的"生态理性"使然，也是生态翻译学研究重视译者、重视"人"的因素的一个特色和优势。

五、倡导多样与统一

多样与统一体现了人类生活与自然界中对立统一的规律。整个宇宙是一个多样统一的和谐整体。多样体现了各个事物个性的千差万别；统一体现了各个事物的共性或整体联系。多样统一，使人感到既丰富又不杂乱，既活泼又有秩序。生态系统的这一特征，既包括了多元的变化，又包括了对称、均衡、对比、节奏、韵律等多种因素和生态审美原则。"多样统一"的生态理念，不仅对微观文本操作具有指导意义，还对中观理论体系的建设有启发意义，对宏观翻译学架构的设计也具有统领意义。

关于是否可能存在普遍适用的一般性翻译理论问题，翻译学界的认识并未统一；甚至有人说过，不可能存在普遍适用的翻译理论。但是，根据生态理性中"多样与统一"的对立统一规律，理论上应该不排除出现相对统一的普适的理论的可能。事实上，翻译理论家詹姆斯·霍尔姆斯的译学结构图中就将理论译学又分为一般性（general）翻译理论和局部性（partial）翻译理论两大类，他还在一篇文章里特别强调，目前的许多翻译理论不是一般性的（general），而是特定性的（specific），只涉及翻译理论的某些方面；"迄今为止的大部分翻译理论，实际上只不过是一般性翻译理论的序（prolegomena）而已"。乔治·斯坦纳曾将翻译理论分成"普适"（universalist）理论和"局部"（relativist）理论两大类，并认为这种分法类似于人类的两种基本的处理方式,即"整体环境适应与局部环境适应问题"[①]。

翻译理论家安德烈·勒菲弗尔也曾指出,"翻译研究将从一个更为一体化的话语中大大获益,要使所有研究人员都意识到,这个话语即使不是自己研究的中心,也是密切相关的"[②]。近年来,翻译学界已在"更为一体化的话语"方面做出了种种努力。现实的翻译研究也表明,在当代翻译理论研究中,开始出现向学理的普遍性、学科的整合性、视野的全景性、方法的多样性、体系的兼容性、范式的多元性、认知的复合性、评价的多向性、视界的融会性和取向的原创性等方面渐进嬗变的发展趋势,这对于"多样统一""多元一体"理论体系的可能实现来说,也是一个例证。运用德国数学家、计算机先驱和哲学家莱布尼茨的话来说,人们必须保持全球性"多样化统一"的目标。

综上所述,正是由于注重整体与关联、讲求动态与平衡、体现生态美学、观照"翻译群落"、倡导多样与统一的生态理性特征,再加之生态系统具有的协同性、进取性和整合性的生态特征,才使之成为建构生态翻译学话语体系的宏观指导理念。而以生态理性为宏观指导理念的生态翻译学,表现为一种整体性思维、有机性思维、关联性思维和过程性思维,既注重分析与综合的结合与统一,又注重翻译生态环境对译者行为的影响与制约,既强调"译学""译论""译本"的贯通整合,又追求翻译生态"宏观""中观""微观"的整体协调。

---

① 斯坦纳. 通天塔之后:语言与翻译面面观 [M]. 上海:上海外语教育出版社,2001:86.
② 勒菲弗尔. 翻译、历史与文化论集 [M]. 上海:上海外语教育出版社,2004:103.

第六节　生态翻译学的伦理原则

翻译作为一种跨语言、跨文化的以译者为主体的制度化的社会行为，与伦理有着不可分割的联系。随着当代译学的发展和翻译研究的深入，翻译伦理越来越受到学者的关注。从总的情况来看，关于翻译伦理问题，国内外学者都已有一些研究：国外学者，如安托万·贝尔曼、安东尼·皮姆、劳伦斯·温努提、安德鲁·切斯特曼、克里斯蒂娜·诺德等；国内学者，如孙致礼、吕俊等。这些关于翻译伦理的研究大多从文化、意识形态、实践规则、职业操守等角度进行了总结和概括。各国学者从不同的角度开展研究，提出了自己的看法，促进了翻译伦理研究的发展。

然而，翻译研究的深入和拓展，呼唤着不同视角的、新视角的翻译伦理探究。一方面，生态翻译学立足于翻译生态与自然生态的同构隐喻，是一种从生态视角综观翻译的研究范式。该生态翻译研究范式以生态整体主义为理念，以东方生态智慧为依归，以适应选择理论为基石，系统探究翻译生态、文本生态和翻译群落生态及其相互关系，致力从生态视角对翻译生态整体和翻译理论本体进行综观和描述。另一方面，生态伦理即人类处理自身及其周围的动物、环境和大自然等生态环境的关系的一系列道德规范，通常是人类在进行与自然生态有关的活动中所形成的伦理关系及其调节原则。人类自然生态活动中一切涉及伦理性的方面构成了生态伦理的现实内容，包括合理指导自然生态活动、保护生态平衡与生物多样性、保护与合理使用自然资源、对影响自然生态与生态平衡的重大活动进行科学决策以及人们保护自然生态与物种多样性的道德品质与道德责任等。

一、平衡和谐原则

这里的平衡和谐，指的是综合因素的整体平衡和谐，既包括翻译生态的平衡和谐,又包括文本生态的平衡和谐,还包括翻译群落生态的平衡和谐;既包括跨语言、跨文化的整合与平衡,又包括内在、外在因素的整合与平衡,还包括宏观、中观、微观思维的整合与平衡。

从文本生态平衡的角度来看,文本生态平衡具体包括语言生态平衡、文化生态平衡、交际生态平衡等。仅就文本生态平衡中的语言生态平衡而言,译者就要致力保持原语与译语的词义平衡、句意平衡、"传神"与"达意"的平衡、实用价值和美学价值的平衡、原语与译语文风的平衡等。

从翻译实践验证的角度来看,大凡公认的、较有影响力的译作,其"双语"(原语和译语)生态的平衡也处理得较好。

从过往对等理论的角度来看,迄今为止的各种翻译理论中,关于对等(equivalence)、对应(correspondence)、对称(symmetry)、平等(equality)等,早已有研究,有些已渐成共识。这些不同的称谓,从"双语"的语言形式、意义功能、文本信息、知识总量、交际意图以及读者关系等不同方面入手描述翻译的实质和结果,说到底还是"双语"在这些方面追求总量平衡的问题。

从翻译研究本身需要的角度来看,一方面,就生态翻译学研究而言,平衡是任何生态系统最基本的特征,因此也是生态翻译学的一个核心理念。而翻译生态环境对产生翻译文本的作用自不待言,如同"No context, no text."(脱离了上下文,就不能正确理解词义)一样,没有翻译生态环境,就不会产生翻译文本。因此,需要保持翻译生态整体的和谐与平衡。如果没有翻译研究各个生态系统的平衡,也就没有生态翻译学的健康发展,也就不可能履行和体现生态翻译学维护语言多样化和文化多样性的学术使命。另一方面,就翻译生态内部而言,翻译生态平衡还表现为翻译生态系统"诸者"之间的妥协让步与宽容变通,考虑作者、读者、原文、译文等多方因素的、翻译群落生态与文本生态之间的协调与平衡,译者跨越时空界限,克服各种障碍与作者开展平等对话,充分了解新时代读者的实际需求和接受能力，在作者与读者之间寻求平衡点，实现作者、译者、读者三方面的视域融合并产生共鸣，形成互惠互利、健康有序的生态循环。

现以保持原文生态与译文生态的平衡为例。翻译行为中的译者，通过"选择性适应"和"适应性选择"，既要尽量保持并转换原文的语言生态、文化生态和交际生态，又要尽量使转换过来的文本在新的语言生态、文化生态和交际生态，即在译入语的翻译生态环境中"生存"和"长存"。

可见，翻译行为中的译者要致力保持原文和译文在语言、文化、交际生态中的平衡与和谐。从生态翻译学的视角来看，生态翻译堪称文本生态、翻译生态和翻译群落生态的"平衡术"与"和谐论"。这既是生态翻译学的主旨，又是生态范式翻译伦理的要则。

二、多维整合原则

翻译适应选择论认为，评判译文的标准不再只是忠实于原文，也不再只是迎合读者，而是要在保持文本生态的基础上，为实现译文能在新的语言、文化、交际生态中生存和长存所追求的译文整合适应选择度。

在一般情况下，如果某译文的选择性适应和适应性选择的程度越高，那么，它的整合适应选择度也就越高；可以说，最佳翻译就是整合适应选择度最高的翻译。生态翻译学的翻译方法简括为"多维转换"，具体落实到语言维、文化维、交际维的"三维转换"，也是以理而出、以实为据。

第一，从理论角度来看，语言学的、文化学的、交际学的翻译途径是基于翻译实际的系统研究，而语言、文化、交际一直是翻译理论家关注的焦点。例如，从功能语言学角度来看，语言维关注的是翻译的文本语言表达，文化维关注的是翻译的语境效果，交际维关注的是翻译的人际意图，这与韩礼德的概念功能（ideational metafunction）、人际功能

（interpersonal metafunction）、语篇功能（textual metafunction）以及语场、语旨、语式等语域理论有着相当程度的关联和通融。

第二，从实践角度来看，语言、文化、交际一直是翻译学界普遍认同的要点，是翻译过程中通常需要重点转换的视角；译者往往是依照语言、文化、交际不同阶段或不同顺序做出适应性的选择转换。

第三，从逻辑角度来看，翻译是语言的转换，语言是文化的载体，文化是交际的积淀，因而语言、文化、交际有着内在的符合逻辑的关联。

第四，从保持文本生态的角度来看，译者通过选择性适应和适应性选择，既要尽量保持并转换原文的语言生态、文化生态和交际生态，又要尽量使转换过来的语言生态、文化生态和交际生态能够在译入语的翻译生态环境中生存和长存。而保持原文和译文的语言生态、文化生态和交际生态的协调平衡，这些又都与翻译操作方法中的"三维转换"相对应，从而最终实现原文和译文在语言、文化、交际生态中的平衡与和谐。鉴于翻译生态环境的种种因素都会在不同程度上对译文的形成起到作用，产生影响，因此，如果这些因素在译文评定的标准和做法中未能体现、缺乏显示、未予整合，那就应当看作一种不足，因为这样既不符合翻译的实际，又有失评判的公允。正因为如此，提出多维整合伦理原则，对译文的评判标准和具体做法来说，是从理论上和整体上予以关注，予以道义和伦理责任。

三、多元共生原则

多元共生原则主要指译论研究的多元和不同译本的共生（symbiosis）。

根据生态学原理，共生性是生物存在的一种基本状态，即生物间相互依存、共同发展的状态。如同自然生态中的生物多样性和生物共生性一样，多样性和共生性体现了各个事物个性的千差万别而又共生共存。同样，以生态整体论和生态理性为指导理念的生态翻译学，倡导翻译理论研究的多元化和不同译本的共生共存,而且翻译理论研究的多元化和不同译本的共生共存也应该成为翻译学发展的一种常态。而多元的翻译理论和不同的翻译文本在翻译生态环境中会遵循适者生存、优胜劣汰的自然法则,不断进化发展。

一方面,译论研究是一种学术研究,而学术研究就要讲求"同而且异"。中国早就有"天下同归而殊途,一致而百虑"(《周易·系辞下》)、"君子以同而异"(《易传·象传下·睽》)的古训。因此,译论研究讲求多元,既符合翻译理论研究的现实,又符合华夏学术伦理的传统。美国学者劳伦斯·韦努蒂也提出过"存异伦理"的概念,并认为"异化"是道德的,差异是对文化他者的尊重。① 可以说,译论研究多元的伦理体现了对翻译理论研究者构建权的尊重。

另一方面,文本生态、翻译生态、翻译群落生态的生态环境是动态变化的。为了适应不同层次翻译生态环境的种种变化,或者为了保持文本生态、翻译生态、翻译群落生态的平衡与协调,翻译活动中不同翻译文本的共生共存成为翻译活动中的自然现象,是翻译行为的一种常态。

在这方面,不同翻译文本共生共存的生态翻译伦理原则恰好印证了这样一个事实:适者生存、汰弱留强的自然法则在人文研究领域里与在自然界里的情形是不完全相同的。自然界里的物种(动物和植物)适应自然环境、接受自然选择的淘汰是绝对的,是生物物种意义上的绝迹、消失、灭绝,如恐龙的灭绝、南极狼的绝迹、种子蕨的消失等。然而,翻译学界里译者或译作适应翻译生态环境、接受翻译生态环境选择的淘汰则是相对的,是人类行为意义上的失意、落选、取代等。也就是说,翻译活动中译者或译作的适或不适、强或弱都不是绝对的,而是相对的。同时,不同的译本、不同的译文,由于它们适应了不同的翻译目的、不同的读者对象,因而又有可能共生共存。这里的汰弱留强和共生共存都

---

① 韦努蒂. 译者的隐身: 一部翻译史 [M]. 上海: 上海外语教育出版社, 2004: 93.

是符合生态学的基本原理的。

可以说，翻译文本的共生伦理体现了人们对不同译本共生共存翻译权的尊重。

四、译者责任原则

这是相对于"他者"的责任而言的，主要指译者在翻译过程中、在翻译行为中以及在整个翻译活动中的"全责"理念，即由译者来负责统筹协调翻译群落（人）、翻译环境（境）、翻译文本（本）三者之间的相互关系，从而通过译者责任来体现"人、境、本"关联互动、平衡和谐的翻译生态整体观。

关于译者责任，翻译学界早有说法。翻译理论家劳伦斯·韦努蒂在《译者的隐身——一部翻译史》一书中明确提出了译者的责任问题。翻译理论家安德鲁·切斯特曼在《圣哲罗姆誓约之倡议》中阐述了翻译的承诺伦理（translational ethics of commitment）。德国学者克里斯蒂娜·诺德提出，翻译目的受制于"译者对翻译这一活动中的合作伙伴的责任……体现的是译者对翻译这种多方互动合作的交际行为中涉及其他参与方的责任"[①]。

孙致礼还就翻译伦理问题专门阐述了译者的职责。诚然，在翻译活动中，译者只是一个普通的成员，需要与不同的"他者"进行平等对话和对等交流，也可能会受到种种影响、操纵、制约和干涉，但是他需要对其所面对的一切做出选择，需要对翻译中的一切做出符合生态理性的判断，需要对所面对的一切"他者"承担译者责任。翻译并非单向的语言文化输入，而是两种文化之间的对话，译者有责任在适宜的程度上保证原语生态与译语生态的平衡和中立。

同样，尽管译者是翻译群体中的一员，与翻译群体中的其他成员有

---

① NORD C. Translating as a purposeful activity: functionalist approaches explained[M]. London: Routledge, 2018: 166.

着平等对话的关系,但其他成员都不直接参与翻译过程,都不具体实施翻译行为,因此,只有作为翻译群体代表的译者,才能够具体负责统筹协调翻译环境(译境)、翻译文本(译本)、翻译群体(译者)三者之间的相互关系,从而通过"译者责任"来体现"境、本、人"关联互动、平衡和谐的翻译生态整体观。从这个意义上说,翻译过程中的译者中心、译者主导只是译者责任的生态翻译伦理原则在翻译过程、译者行为方面的一种体现。

生态翻译学讲求的是翻译生态的整体性和关联性,关注的是翻译生态的平衡与和谐。那么,要由谁来具体实施、践行、保持这一翻译活动的状态呢?只有以译者为代表的翻译群体才能实施,只有译者才能践行,只有译者与其他"诸者"沟通协调才能保持,这是译者的责任。从这个意义上说,关于翻译本体和翻译问题研究的一切理性的思考、一切高超的设计、一切精辟的论述、一切美好的愿望,都只有转变为译者的意识才有意义,只有转变为译者的能力才能生效,只有转变为译者的义务才能落实,只有转变为译者的责任才能成行。否则,都会大打折扣,甚至沦为空谈。

从一定意义上讲,生态翻译伦理其实就是一种新的译者责任伦理。生态翻译学将译者责任定义为一条重要的伦理原则。翻译伦理原则的昭示,也可谓以实为据、以理而出。

上述的生态翻译学的伦理原则表明,生态翻译的伦理原则与生态翻译学的基本定位、性质、对象和内容是密切相关、协调一致的。笔者认为,生态翻译伦理研究可以进一步展开,也还有进一步深化和完善的空间。同时,生态翻译伦理研究也是多维度的、开放性的,多元共生原则同样适用于此。

第二章　生态翻译学与英语翻译的关联

第二章 生态翻译学与英语翻译的关联

第一节 语言生态系统的共生

生态翻译学与英语翻译之间的关联是密不可分的。在本节中,笔者将探讨语言生态系统的共生性,以及生态翻译学如何影响英语翻译的实践。

一、语言生态系统简介

语言生态系统是一个复杂的系统,其中包含各种语言、文化,以及影响语言使用和发展的社会、心理、政治和经济因素。这个系统是一个动态的、相互关联的整体,每一个部分都在不断地影响其他部分或被影响,形成一个复杂的、多元的生态环境。

语言生态系统中的语言因素是人类交流和表达思想的主要工具,它们在全球范围内的分布和使用情况构成了语言生态系统的基础。每一种语言都有其独特的语音、词汇、语法和语用特征,这些特征反映了其使用者的文化背景、思维方式和生活习惯。

语言生态系统中的文化元素是构成语言生态系统的重要部分。文化是人类社会的精神产品,它通过语言得以传播和传承。

语言生态系统还包括影响语言使用和发展的社会、心理、政治和经济因素。这些因素在语言生态系统中起着重要的作用,它们影响着语言的分布、使用情况、变化趋势,以及语言和文化的传播和交流。

在语言生态系统中,不同的语言和文化之间存在一种共生关系。这种共生关系体现在语言和文化相互影响和相互依赖上。一方面,语言是文化的载体,通过语言,文化得以传播和传承;另一方面,文化是语言的源泉,不同的文化背景会影响语言的形式和内容。这种共生关系有助于维持语言生态系统的平衡,促进文化的传承和交流。

语言生态系统的平衡是指在语言生态系统中,各种语言和文化能够和谐共存、相互影响、相互促进，形成一个稳定的、多元的生态环境。这种平衡的维持有赖语言和文化的共生关系，以及影响语言使用和发展的社会、心理、政治和经济因素的相互作用。

二、语言生态系统的共生关系

共生关系是生态学中的一个基本概念，它描述了两个或多个生物体在同一生态系统中相互依赖、共同生存和发展的关系。在语言生态系统中，不同的语言和文化之间也存在类似的共生关系。这些共生关系可能表现为语言和文化之间的借用、融合和互相影响，从而促进语言和文化的共同发展。

语言之间的借用是语言生态系统中一种常见的共生现象。语言借用通常发生在两种或多种语言接触的情况下，如一种语言从另一种语言中借用词汇、语法结构、语音特征等。这种借用不仅提高了借用语言的表达能力，还反映了语言之间的交流和影响。

语言和文化之间的融合是语言生态系统中一种常见的共生现象。语言是文化的载体，不同的语言反映了不同的文化特征和价值观。在语言接触的过程中，不同的文化通过语言的交流和融合，共同塑造了多元化的文化环境。

语言和文化之间的互相影响是语言生态系统中一种常见的共生现象。语言和文化是相互影响、相互塑造的。一方面，语言的使用和发展受到文化背景的影响；另一方面，语言的使用和发展又反过来影响着文化的传播和演变。

三、生态翻译学与语言生态系统的共生关系

在生态翻译学的视角下，翻译被视为一种生态行为，它发生在特定的语言生态系统中，受到该系统中各种因素的影响。这些因素包括语言的结构和功能、文化的特征和价值观、社会的规范和期待，以及翻译者

的知识和技能。这些因素在翻译过程中相互作用,共同影响翻译的结果。

生态翻译学强调翻译过程中的语言生态系统的共生关系。这种共生关系体现在源语言和目标语言相互影响和相互依赖,以及翻译者在翻译过程中的主观选择和创新上。源语言和目标语言的相互影响和相互依赖体现在翻译过程中的语言借用、语言融合和语言创新上。翻译者的主观选择和创新则体现在翻译过程中的语言选择、翻译策略和翻译技巧上。

生态翻译学与语言生态系统的共生关系是一种密切而复杂的关系。这种关系强调了翻译实践中的生态原则,促使译者在翻译过程中更加注重源语言和目标语言的文化特征、语言风格和语境需求,从而完成更加精准和贴切的翻译。

生态翻译学的理念和方法为人们理解和处理翻译过程中的语言生态系统的共生关系提供了新的视角。它使人们认识到,翻译不仅仅是语言的转换,更是语言和文化的交流和融合。这种交流和融合不仅提高了目标语言的表达能力,还促进了源语言和目标语言的共同发展。

在翻译实践中,生态翻译学的理念和方法使译者更加关注翻译过程中的生态平衡,努力在保持源语言信息准确传递的同时,尊重目标语言的规范和习惯。

此外,生态翻译学的理念和方法也为人们提供了一种新的翻译教学模式。在这种模式下,翻译教学不仅要注重语言技能的训练,还要注重生态意识的培养。这种生态意识有助于学生理解和尊重语言生态系统的共生关系,从而在翻译实践中完成更加精准和贴切的翻译。

四、生态翻译学在英语翻译实践中的应用

在英语翻译实践中,生态翻译学的理念和方法为翻译者提供了一种全新的视角和工具,帮助他们更好地理解和处理源语言和目标语言之间的共生关系。这种理解和处理不仅涉及语言本身的转换,还涉及文化背景、语言特征和交际需求的深入理解和充分考虑,以及对翻译过程中的

生态平衡的关注和维护。

第一，生态翻译学强调翻译者需要深入了解源语言和目标语言的文化背景。这是因为语言是文化的载体，不同的文化背景会赋予语言不同的含义和用法。因此，翻译者在翻译过程中，不仅需要理解源语言的字面意义，还需要理解源语言在其文化背景下的深层含义。只有这样，翻译者才能准确地传达源语言的信息，还能尊重和保持目标语言的文化特征。

第二，生态翻译学强调翻译者需要关注源语言和目标语言的语言特征。语言特征体现在词汇、语法、语音等层面，这些特征在一定程度上决定了语言的表达能力和风格。在翻译过程中，翻译者需要充分考虑这些语言特征，以确保翻译的准确性和自然性。同时，翻译者也需要关注源语言和目标语言在语言特征上的差异，以避免在翻译过程中产生误解和混淆。

第三，生态翻译学强调翻译者需要关注翻译过程中的生态平衡。生态平衡是指在生态系统中，各个组成部分之间相互作用，达到一种动态的平衡状态。在翻译过程中，生态平衡主要体现在源语言信息的准确传递和目标语言规范的尊重上。翻译者需要在这两者之间找到一种平衡，既能准确地传达源语言的信息，又能尊重和符合目标语言的规范和习惯。

第四，生态翻译学强调翻译者需要时刻关注语言生态系统中的变化和发展趋势。语言是一种动态的系统，它会随着社会、文化、科技等因素的变化而变化。因此，翻译者需要时刻关注这些变化，以便及时调整自己的翻译策略，适应不断变化的语言环境。例如，随着科技的发展，一些新的词汇和表达方式可能会出现，翻译者需要及时了解和掌握这些词汇和表达方式，以便在翻译过程中准确地传达其所携带的信息。

第五，生态翻译学强调翻译者需要关注语言生态系统中的多样性。语言生态系统是一个多元化的系统，其中包含各种不同的语言和文化。在翻译过程中，翻译者需要尊重这种多样性，尽可能地保持源语言的多

第二章 生态翻译学与英语翻译的关联

样性，同时尊重目标语言的多样性。这种对多样性的尊重，不仅有助于保持语言生态系统的平衡，还有助于促进语言和文化的交流和理解。

第二节 文化多样性的传承与尊重

一、文化多样性

文化多样性是全球化的一个重要组成部分，它强调了尊重和理解不同的文化传统、价值观、习俗和生活方式。这种多样性不仅丰富了人类文明，还为创新提供了无限的可能性。

文化多样性是指在一个社会或地区中存在的各种不同的文化。这些文化可能基于种族、性别、性取向、社会阶层、宗教、职业和其他因素。每一种文化都有其独特的价值观、信仰，这些构成了文化多样性的基础。

全球化的进程使得文化多样性变得更加重要。随着人们的流动和信息的传播，不同的文化开始相互交流和影响。这种交流和影响使得文化变得更加丰富和多元，也使得人们有更多的机会了解和理解不同的文化。

尊重文化多样性是全球化的一个重要原则。每一种文化都有其独特的价值和意义，没有哪一种文化是优于其他文化的。尊重文化多样性意味着尊重每一个人的文化背景和个人身份，尊重他们的选择和生活方式。

理解文化多样性是全球化的一个重要任务。只有理解文化多样性，人们才能更好地与拥有不同文化的人进行交流和合作，才能更好地适应全球化的环境。

此外，文化多样性也为创新提供了无限的可能性。不同的文化有不同的思维方式和解决问题的方法，这些都可以为创新提供新的视角和灵感。

总的来说，文化多样性是全球化的一个重要组成部分，它强调了尊重和理解不同的文化传统、价值观、习俗和生活方式。尊重和理解文化多样性，不仅可以丰富人们的生活，也可以为人们的工作和学习提供新的视角和灵感。

二、生态翻译学与文化多样性

生态翻译学强调在翻译过程中对源语言和目标语言文化的尊重与传承。这不仅体现在语言的转换上，更体现在文化的交流和互动上。在生态翻译学的视角下，翻译被视为一种文化交流的方式，而不仅仅是语言的转换。生态翻译学认为，每一种语言和文化都有其独特的价值和意义，翻译应该尊重这种多样性，而不是试图将一种语言和文化的特点强加给另一种。

通过尊重和传承文化多样性，生态翻译学有助于实现更加准确和贴切的翻译。这不仅可以提高翻译的质量，还可以促进不同文化之间的理解和交流。在后续的章节中，笔者将通过具体的案例，展示生态翻译学在公示语翻译、商务英语翻译、文学翻译、影视翻译、科技翻译以及法律翻译等多个翻译领域中的应用和价值。

三、英语翻译实践中的文化多样性

在英语翻译实践中，对文化多样性的尊重和理解是至关重要的。翻译者在进行翻译工作时，不仅需要对语言有深入的理解，更需要对源语言和目标语言的文化有深入的了解和尊重。这是因为语言和文化是密不可分的，语言是文化的载体，文化则赋予了语言深远的内涵。

首先，翻译者需要对源语言文化有深入的了解。这包括了解源语言文化的历史背景、社会习俗、价值观念、思维方式等。这些因素都会影响到源语言的表达方式和含义。只有深入了解源语言文化，翻译者才能准确把握源语言的文化内涵和特点，避免在翻译过程中出现误解和误译。

其次，翻译者需要关注目标语言文化的内容。每一种文化都有其独特的表达方式和习俗，翻译者需要了解这些内容，以便在翻译过程中使翻译内容符合目标文化的习惯。例如，一些词语和表达方式在源语言文化中可能很常见，但在目标语言文化中可能并不常见，甚至可能引起误解。翻译者需要对这些差异有足够的敏感性，以确保翻译的准确性和贴切性。

最后，翻译者还需在翻译过程中寻求源语言文化和目标语言文化之间的共生点，实现文化的传承。这是因为，虽然每一种文化都有其独特性，但不同文化之间也有许多共同点。翻译者可以通过寻找这些共同点，实现源语言文化和目标语言文化的共生，从而更好地完成翻译任务。

四、英语翻译实践中的文化多样性案例分析

在英语翻译实践中，对文化多样性的尊重和理解是至关重要的。为了更好地理解这一点，笔者通过一些具体的翻译案例来说明。

首先看一个旅游宣传材料的翻译案例。旅游宣传材料的翻译不仅需要准确地传达目的地的信息，还需要充分了解目的地的文化背景和特色。例如，如果翻译者要翻译一份关于中国的旅游宣传材料，翻译者就需要了解中国的历史、文化、风俗习惯等。同时，翻译者还需要关注目标受众的文化需求。如果目标受众是英语国家的游客，翻译者就需要考虑他们对中国文化的理解和接受程度，以及他们对旅游信息的需求和期望。通过这样的方式，翻译者可以对实现文化多样性的传承和尊重，使翻译内容既符合源语言文化的特点，又符合目标语言文化的需求。

其次看一个电影字幕的翻译案例。电影字幕的翻译是一项非常复杂的任务，因为它不仅需要翻译者准确地传递电影中的文化元素，还需要翻译者考虑目标观众的文化背景和观影习惯。例如，如果翻译者要翻译一部美国电影的字幕，翻译者就需要了解美国的文化背景，包括美国的历史、文化、风俗习惯等。同时，翻译者还需要考虑目标观众的文化背景和观影习惯。如果目标观众是中国观众，翻译者就需要考虑他们对美

国文化的理解和接受程度，以及他们的观影习惯和期望。通过这样的方式，翻译者可以实现源语言文化和目标语言文化之间的共生关系，使翻译内容既符合源语言文化的特点，又符合目标语言文化的需求。

五、生态翻译学在跨文化交流中的作用

全球化带来了各种语言和文化的交流与碰撞，而生态翻译学正是在这样的背景下，为人们提供了一种理解和处理这些交流与碰撞的有效方式。

生态翻译学通过尊重和传承文化多样性，有助于消除语言和文化障碍。这样不仅可以保护每一种语言和文化的独特性，还可以促进不同语言和文化之间的理解和交流。

生态翻译学在全球化背景下，为国际的合作与交流提供了有力支持。在全球化的过程中，各国需要通过语言和文化的交流，来增进相互的理解，促进合作。生态翻译学通过尊重和传承文化多样性，为这种交流提供了理论支持和实践指导。

此外，生态翻译学也推动了世界各国的共同发展与进步。在全球化的大背景下，各国的发展和进步需要依赖国际的合作与交流。生态翻译学通过尊重和传承文化多样性，为这种合作与交流创造了有利条件，从而推动了世界各国的共同发展与进步。

总的来说，生态翻译学与英语翻译之间的关联体现在对文化多样性的传承与尊重上。在英语翻译实践中，采用生态翻译学的理念和方法有助于实现文化的传承与尊重，促进不同文化之间的理解和交流。通过关注源语言文化和目标语言文化的多样性，翻译者可以更好地应对全球化背景下的跨文化交流挑战，提高翻译质量，为国际合作与交流贡献力量。这也是生态翻译学在当今世界的重要价值和意义。

第二章 生态翻译学与英语翻译的关联

第三节 翻译过程中的生态平衡

在翻译过程中，生态平衡是一种至关重要的理念，它强调源语言和目标语言之间的平衡，包括文化、语言特点、语境和受众需求等方面的协调与和谐。实现翻译过程中的生态平衡有助于提高翻译质量，保证信息的准确传递，实现语言和文化之间的共生。

生态平衡的概念源于生态学，它是指生态系统中各种生物和非生物因素之间保持相互制约和平衡的状态。在翻译过程中，这种平衡体现为源语言和目标语言之间的平衡。源语言和目标语言都有其独特的文化、语言特点、语境和受众需求，翻译者需要在尊重这些特点的同时，寻找两者之间的共生点，实现翻译过程中的生态平衡。

生态翻译学是一种新兴的翻译理论，它关注翻译过程中的生态平衡，强调在保持源语言信息准确传递的同时，兼顾目标语言的规范和习惯。生态翻译学认为，实现翻译过程中的生态平衡是提高翻译质量的关键。在英语翻译实践中，翻译者需要充分理解源语言和目标语言的特点和需求，努力实现语言和文化之间的平衡与共生。

在英语翻译实践中，翻译者可以采用多种策略来实现翻译过程中的生态平衡。动态平衡法是一种常用的方法，它要求翻译者在保持源语言信息传递的基础上，根据目标语言的语言规范和文化习惯进行适度的调整，实现源语言和目标语言之间的动态平衡。文化导向法则强调翻译者在充分了解源语言和目标语言文化背景的基础上，努力实现文化元素的传递与共生，避免文化冲突和误解。受众导向法则要求翻译者关注目标受众的需求和期望，力求使翻译内容符合目标受众的阅读习惯和审美标准，实现源语言和目标语言受众之间的共生。

为了更好地理解英语翻译实践中的生态平衡，人们可以分析一些具体的翻译案例。例如，在英语翻译实践中，翻译者在面对含有源语言文化特色的成语、俚语或典故时，需要在尊重源语言文化的基础上，考虑目标语言受众的理解程度和文化背景。以下是一个典型的案例：狗急跳墙可翻译为"A cornered dog will leap over a wall"。

在这个例子中，翻译者保留了源语言的成语形式，并通过对照表达的方式，使目标语言受众能够理解其含义。翻译者采用这样的翻译策略，实现了源语言和目标语言之间的生态平衡，既保留了源语言的文化特色，又顾及了目标语言受众的阅读需求。

总的来说，生态平衡是生态翻译学与英语翻译关联的重要方面。在英语翻译实践中，翻译者需要关注源语言和目标语言之间的平衡，采用恰当的翻译策略来实现语言和文化的共生。通过实现翻译过程中的生态平衡，翻译者可以提高翻译质量，促进不同语言和文化之间的理解与交流。在全球化背景下，生态翻译学为英语翻译提供了有力的理论支持和实践指导，为国际交流与合作搭建了桥梁。

第三章　生态翻译学在公示语翻译中的实践

第三章 生态翻译学在公示语翻译中的实践

第一节 公示语翻译

一、公示语的定义阐述

国际标准化组织图形符号技术委员会主席巴里·格雷对公示语的定义为"The signal from a simple way to find or information about the tag of the complex communication information.",国内学者阐释的较有代表性的公示语定义有以下三种。

定义一：公示语指公开和面对公众，起到告知、指示、显示、警告等作用，与生活、生产和生态密切相关的文字和图形信息。

定义二：公示语是一种给特定的人观看，以达到某种交际目的的特殊用语。

定义三：公示语是在公共场所显示的文字，包括标志、广告、旅行指南、社会宣传、通知等。

二、英汉公示语的语言特点

《现代实用英语例解》总结了英语公示语的五大特点：①通常全部使用大写字母，不添加标点符号；②字幅通常很少，最少的只有一个词；③语言精简，常用名词、动词或名词短语；④有时使用祈使句；⑤有时采用十分正式的文体。

接下来，笔者详细阐述英语公示语的五大特点。

使用大写字母：英语公示语通常全部使用大写字母，没有标点符号。这样做是为了确保信息在视觉上显著，能够迅速吸引读者的注意力。这种特点在设计公示语时尤其重要，因为公示语的主要目标是传递重要信息，确保这些信息能够在短时间内被人们注意到。

字幅少：英语公示语的字幅通常很少，最少的只有一个词。这一特征反映了公示语的核心功能，即迅速、有效地传达信息。太多的文字可能会使信息变得复杂，影响人们阅读和理解。

语言精简：公示语通常使用名词、动词或名词短语，以尽可能简洁地表达信息。这是因为公示语的目的是传递具体的、直接的信息，而不是进行复杂的描述或解释。

使用祈使句：公示语有时会使用祈使句，直接告诉读者应该做什么或不做什么。这种使用祈使句的方式可以清楚、明确地指示行动，不会产生歧义。

正式文体：公示语有时采用正式的文体。这是因为公示语有时需要传达权威性和严肃性信息，以引起读者的注意。

戴宗显和吕和发更是具体地总结了英语公示语的十种语言风格：一是使用名词；二是使用动词、动名词；三是使用词组和短语；四是使用缩略语；五是严格禁用不常见的单词；六是文字和图形符号共享；七是使用现在时态；八是使用祈使句；九是使用规范和标准词汇；十是使用简洁词汇、精确措辞。

接下来，笔者详细阐述英语公示语的十种语言风格。

使用名词：名词是英语公示语中最常用的词性，因为它们可以提供具体而直接的信息。例如，"EXIT""PARKING"等，通过使用名词，读者可以清楚地了解公示语的主要内容。

使用动词和动名词：动词和动名词在英语公示语中也很常见，因为它们可以清晰地指示需要采取的行动。例如，"PUSH"（推）、"PULL"（拉）等。

使用词组和短语：英语公示语要使用词组和短语，而不是长句。这是因为公示语的目的是简洁明了地传达信息。

使用缩略语：英语公示语常常使用缩略语来节省空间和时间，同时也可以保证信息的快速传递。例如，"DO NOT ENTER"可以缩写为"DNE"。

严格禁用不常见的单词：为了确保公示语对所有读者都是可理解的，英语公示语尽可能避免使用不常见的、专业的或者复杂的词汇。

文字和图形符号共享：许多英语公示语结合了文字和图形符号，以提高其视觉冲击力和易理解性。

使用现在时态：英语公示语通常使用现在时态，因为现在时态可以明确、直接地指示当前发生的行动。

使用祈使句：英语公示语通常采用祈使句，以清晰、有力地指示需要采取的行动。

使用规范和标准词汇：为了保持公示语的通用性和一致性，英语公示语通常使用规范和标准的词汇。

使用简洁词汇、精准措辞：英语公示语的目的是快速、准确地传递信息，因此，要尽可能使用简洁的词汇，并使用精确措辞。

丁衡祁则认为英语公示语语言特征可以总结为 5C，即 concise（简洁）、consistent（统一）、conventional（规范）、convenient（方便）、conspicuous（醒目）。[①] 刘美岩和胡毅认为英语公示语的特点是简洁、明了、正式、规范。[②] 中文公示语主要的特点是字义浅显，文字简约，文体恰当。在此，笔者不再详述。

把握英汉公示语的语言特点，有助于翻译者在翻译过程中有针对性地结合翻译生态环境中的相关要素，就词语选用、话语逻辑建构等进行选择，从而服务于符合目的语表达规范且可读性强的有效交际译文的产出。

[①] 丁衡祁. 努力完善城市公示语 逐步确定参照性译文 [J]. 中国翻译，2006，27（6）：42-46.

[②] 刘美岩，胡毅. 公示语英译错误分析及对策 [J]. 外语教学，2009，30（2）：110-113.

三、公示语翻译原则

英译公示语主要起到沟通作用，然而许多英译公示语还存在着问题，如中式英语的使用。翻译者在翻译公示语时要遵守翻译原则，这样有助于提高翻译质量。

（一）传意性原则

传意性原则是公示语翻译中的基础原则，这一原则的核心是确保信息的准确性和清晰性，使得目标语言读者可以理解并准确执行公示语的指示。此外，它还包含对源语言和文化信息的尊重和准确表达。下面，笔者将详细阐述传意性原则的三个关键方面，以及如何在公示语翻译中应用这个原则。

公示语的主要功能是向读者传达具体的行为要求或提供重要信息。因此，公示语翻译中的首要任务就是确保语义的准确性。翻译者在翻译时应避免使用任何可能导致误解或混淆的词汇、短语或句式。此外，公示语通常包含非常具体的指示，翻译者在翻译时应尽可能地保留这些具体的信息，而不应过度泛化或过度具体化。

公示语不仅仅是语言信息，它们也是文化信息的承载者。因此，传意性原则要求翻译者尽可能地复制和传达原文化的信息。这需要翻译者对源语言和文化有深入的理解，能够识别并准确处理可能存在的文化特征和差异。例如，一些特定的习惯用语或者象征性的表达方式在翻译时就需要特别处理，以保持其在目标语言中的含义和效果。

此外，传意性原则要求翻译者尽可能地保持翻译的明确性和易懂性。为了实现这一点，翻译者可以采用简洁明了的语言，避免使用复杂的句式或者不常用的词汇。同时，翻译者也需要考虑到目标语言读者的语言能力和文化背景，以确保翻译后的公示语对他们来说是可理解的。

（二）互文性原则

互文性是法国符号学家茱莉亚·克里斯蒂娃提出的，英文为"intertextuality"，强调文本和文本之间的相互作用。作为语篇的一个基本特征，互文性指一个文本与可以论证存在于此文本中的其他文本之间的关系。如果不考虑语篇中的互文性，就不可能对语篇进行透彻的理解，也就不可能准确地将其翻译为目的语。

由于英语使用者是英译公示语的交际对象，所以公示语在表达上要符合英语的文化特征和英语读者的语用习惯。翻译者在翻译汉语公示语的时候要遵循互文性原则，中心是英语读者，借鉴英语公示语的表达规范，参照公示语特定的文本形式和语言特点，保证翻译文本的可接受性与可读性。例如，将"油漆未干"译为"WET PAINT"，虽然没有语法错误，但不符合互文性原则，因为这种表达方式不符合英语读写、英语公示语表达原则和线性思维习惯。又如，将"请勿吸烟"翻译成"NO SMOKING PLEASE"。虽然在汉语中"请勿吸烟"是一种礼貌用语，但其是对不道德的行为进行约束的话语，属于限制性公示语。在英文中对意图的表达是直接且明确的，即"NO SMOKING"。"NO SMOKING PLEASE"中的"PLEASE"是表达"请求"的礼貌用语，而"NO"是一种强调否定的命令语气，用"请求"的语言方式表达不允许的命令，显然违背了互文性的原则。

（三）简洁性原则

简洁性原则是公示语翻译的另一个基本原则。这个原则强调了信息传递的效率和精确性，以及语言表达的简明扼要。在翻译过程中，尤其是公示语翻译，要追求简洁明了、直截了当，避免冗长复杂的表述。下面笔者详细阐述简洁性原则的三个关键要素。

精简词汇：英语公示语一般采用简洁、明快的词汇，使信息传达快速而准确。例如，"NO SMOKING""EXIT"等。这些简短的词汇或短语，清晰而不含糊，易于读者理解。

使用缩略语和短语：为了使语言简洁，英语公示语常用缩略语和短语。例如，"EMERGENCY EXIT ONLY"通常被简化为"EMERGENCY EXIT"，即"紧急出口"。而"NO PARKING AT ANY TIME"可能被简化为"NO PARKING"，即"禁止停车"。缩略语和短语的使用，不仅使信息更加简洁，还能迅速引起人们的注意。

避免冗余和重复：翻译者在公示语翻译汇总应遵循简洁性原则，避免冗余和重复。比如，"请勿抽烟"（"NO SMOKING"）不需要译成"PLEASE DO NOT SMOKE IN THIS AREA"（请你不要在这个区域抽烟），这种翻译方式会使信息变得冗长，并且可能会使读者产生混淆。

四、公示语生态翻译补偿

基于一定的参照系多维度开展翻译批评，人们可以对译作的翻译质量有一个整体的评估。而且，人们可以依据翻译批评有针对性地修正译作。下面仅对公示语翻译中的信息缺失的翻译补偿进行说明。

翻译是源语和目的语之间的语言文化信息转换活动，因语言文化差异等因素发生的翻译损失从翻译活动出现时就一直与翻译相伴。翻译损失是指翻译过程中信息、意义、语用功能、文化因素、审美形式或功能的丧失，具有不可避免性。故此，翻译补偿就成为减少翻译损失、尽可能完整再现原文的必要手段，与翻译是一种形影不离的共生关系。翻译补偿是以目的语手段为主，辅之以符合目的语规约或规范的其他语言手段，根据文本类型和翻译目的，对翻译过程中潜在的或发生的损失进行的修复或弥补。可见，翻译补偿的作用在于消除常规的表层符号转换无法克服的语言、文化、语用等诸多障碍，最大限度地恢复因语言、社会文化差异等因素而损失的各种意义和审美价值。

夏廷德在《翻译补偿研究》中将翻译补偿划分为两个层面：一是语言学层面，包括词汇补偿、语法补偿和语篇补偿；二是审美层面，包括审美形式的功能、价值冲突和形义统一性等方面的补偿。生态翻译学理论为翻译补偿提供了不同的研究视角。翻译适应选择论把翻译过程描述为"译者适应与译者选择的交替进行的循环过程",其翻译原则为"多维度适应与适应性选择"。此原则指导下的翻译方法则是"三维转换",即在翻译过程中侧重语言维转换、文化维转换和交际维转换。接下来,笔者从语言补偿、文化补偿、交际补偿三个角度进行阐述。

(一)语言补偿

翻译者在语言维的适应性选择转换,就是在语言的不同方面、不同层次上进行最佳适应和优化选择。要保证公示语译文实现有效交际,翻译者在翻译时应把握好语言传意性,力求准确再现公示语原文的语言信息,在避免误译的同时,力求避免或减少语言转换中的翻译损失。例如,在地面湿滑的场所,人们经常见到"小心滑倒"的公示语,应英译为"CAUTION:WET FLOOR",该表达中以"CAUTION"突出了其提示功能,同时明确"滑倒"的原因在于地面湿,提醒读者注意脚下。语言补偿要求翻译者在词汇层面注重遣词,以求准确完整地再现原语语义,在表达层面依据译语语境等要素就表达形式进行选择,以提高译文表现形式的适切性。

(二)文化补偿

翻译者在文化维的适应性选择转换,就是翻译者在翻译过程中要有文化意识,认识到翻译是跨越文化的信息交流过程,克服文化差异带来的障碍,以保证文化信息交流的顺利实现。公示语翻译中的文化补偿要求翻译者在源语和目的语双语文化共生的意识下,调适文化心理,尽可能补充应有的文化内涵并求得文化认同。

在文化全球化语境下,翻译者在翻译活动中必须凸显出较强的文化补偿意识和能力,因为文化补偿在保证修复译语中缺损的原语文化内涵的同时,在文化外宣和对外文化交流等方面也具有重要意义。

（三）交际补偿

翻译者在交际维的适应性选择转换，就是在保证语言信息转换和文化内涵传递的同时，关注原文的交际意图是否在译文中得以体现。公示语译文中表现出的审美形式、特定标识符号或图片等都是出于交际补偿的需要。

译文的审美补偿最终服务于交际有效性。例如，吴伟雄将"桂林山水甲天下"套译为"EAST OR WEST, GUILIN LANDSCAPE IS BEST"而成为最佳译文，其不仅使用词汇补偿手段将"山水"转换为上义词"LANDSCAPE"，还巧妙套用了英语谚语"East or west home is best."进行审美层面的翻译补偿；不仅成功发挥了汉语的宣传功能，还借助"EAST""WEST""BEST"构成的尾韵保证了译文的审美形式，具有更强的可读性和交际性。

不同的公示语具有强制、提示、警示等不同的交际意图和功能。有时，交际移情能赋予公示语译文感召力，有助于达到更好的交际效果。为更好地关照到交际维，具有告知或呼吁作用的公示语在翻译时偏向使用"暖色调"词汇。此时受众置身于平等的话语角色关系，能够体会到公示语对自己的关心，而不是单纯地要求和限制。如此，受众才会自觉地依照公示语表达的意图采取相应的行动，从而实现公示语的"意动功能"和"言后之效"，达成有效交际。

由上可知，语言补偿重在保证公示语译文准确表达语义并保证其表达形式符合译语规范；文化补偿侧重修复译语中缺失的原语文化内涵，以实现文化信息交流；交际补偿注重有效传达交际意图，促使目的语读者采取相应的交际行为。公示语的语言维、文化维和交际维的三维翻译补偿共同作用并服务于提升译文质量，以求实现最佳的交际效果。

第二节　公示语生态翻译应用

一、旅游公示语

随着经济和文化全球化,旅游业也迎来了黄金发展时期而成为现代社会的朝阳产业,具有带动众多行业发展的作用。近年来,风景名胜游、文化游、探险游、休闲游、生态游等蓬勃发展,由食(food and beverage service)、住(accommodation)、行(transport)、游(traveling)、购(shopping)、娱(entertainment)组成的现代旅游活动有所增加,产业链条也日臻完善。促进旅游业发展的重要保障是开拓涉外旅游市场,所以旅游的环境显得十分重要,旅游翻译的重要性可想而知。

(一)旅游外宣文本与翻译

在旅游宣传方面,文本大多属于呼吁性文本(appeal-focused text),具有指导功能、信息功能和描述功能。分析和研究译语国家的旅游文宣平行文本是提高该类文本翻译质量的有效方法。不同文化交际中相似的语篇类型就是平行文本。

就文本结构而言,英汉文本均以线性的推进方式为主。在文本单位层面,英汉文本都以句子为基本文本单位,但英语文本力图以较简洁的词语和句子结构提供尽可能多的信息。英语国家景区外宣文本不仅包括景点或景观信息,还提供户外休闲以及食宿等相关信息,以尽可能全面地提供食、住、行、游、购、娱等综合信息;中国景区外宣文本内容仅仅局限于景观信息。因此,中国景区的外宣文本应适当地采用补译,以保证文本的互文性并顺应英语读者的阅读期待。

平行文本是保证译本互文性和提高译本可接受性的有效方法。同景区多个汉语文本的信息重复现象较为严重,导致英译文本中的信息重复和信息冗余，这就涉及同一主题文本之间的互补性问题。

（二）旅游广告翻译

现代旅游已经成为当今世界第一大经济产业，旅游经济的发展使旅游广告在旅游推广方面越来越重要。旅游广告服务于旅游商，为的是向旅游者宣传、推销产品。旅游广告使用的词法、句法和修辞具有一定的特点。

就词法而言，广告中大量使用第一和第二人称来突出广告的劝诱意图并拉近交际双方之间的距离；大量使用描述性形容词来体现情感色彩并激发旅游者的旅游期待；大量使用行为动词、一般现在时态以及主动语态来促使读者做出积极反应。示例如下。

（1）New Hawaii.

全新的夏威夷。

（2）Alaskas most mystical is Kodiak Island.

科迪亚克岛，阿拉斯加最神秘的岛屿。

在句法层面，广告语句力求结构简单，以凸显强调功能，简单句、祈使句及省略句使用频繁。示例如下。

（1）Britain. It's time.

旅游英国，正当其时。

（2）Yes, the Philippines. Now!

群岛环游，就在菲律宾。

英语旅游广告的词法、句法和修辞特点为汉语旅游广告的翻译提供了有益借鉴。与此同时，翻译者要充分考虑中西方文化差异以及读者的愿景，高度重视广告宣传和吸引读者的关注。

二、交通公示语

交通是指从事旅客和货物运输及语言和图文传递的行业，包括运输和邮电两个方面，在国民经济中属于第三产业。运输分为铁路运输、公路运输、水路运输、航空运输和管道运输五种形式，邮电分为电信与邮政两个方面。一般运输指陆运、空运和海运。陆运指在地面运输，空运指在空中运输，海运指在海面运输。交通标志是用图形符号和文字传递特定信息，用于管理交通的设施。其主要有禁止标志、警告标志、指示标志等，它们都具有法令的性质，行人与车辆都必须遵守。交通公示语翻译在规范交通行为和提供信息服务等方面起着至关重要的作用。

视认性不强是指公示语译文不够简洁。高速公路交通公示语多以英汉两种语言书写于空间有限的标示牌上，良好的视认性是其显著特点，而简洁醒目是保证视认的重要前提，否则极有可能因为表达不简洁而影响驾驶人的注意力，从而引发交通事故。高速公路的交通公示语具有信息指示功能，为保证行车安全，英文的表达要简洁。在遵循互文性、间接性、传意性原则的同时，翻译者要灵活运用仿译、借译等方法进行翻译。仿译指以现有的英语公示语翻译为模型，使翻译更接近正宗的英语；借译是在翻译的时候参考已有的规范的英语公示语，是汉语公示语在英译时的首选方法。翻译者使用这些方法进行翻译可以提高翻译的质量。

在高速公路上，我们经常可以看到这样的公示语："请保持车距。"在英语中，这个公示语可以被翻译为"KEEP A SAFE DISTANCE"。这个翻译简单易懂，直接告诉司机他们应该怎么做。它强调了保持安全车距的重要性，这也是交通法规的基本要求。通过这种简洁明了的表达方式，可以更好地吸引司机的注意力，提醒他们在驾驶过程中遵守交通规则，减少交通事故的发生。

在公共交通工具中，如公交车或地铁里，常见的公示语有"请让座给需要的人"。这句话的英语翻译可以是"PLEASE GIVE UP YOUR SEAT TO THOSE IN NEED"。这个翻译准确地传达了源语的意思，而且语言简洁明了，便于乘客理解。同时，它也体现了公共交通的社会责任，即鼓励乘客关心他人，尊重并帮助需要帮助的人。这个公示语旨在提升公共交通的服务质量，创建友好、和谐的公共交通环境。

以上两个例子均准确传达了原文的意思，语言简洁明了，便于读者理解，这样的翻译可以更好地吸引读者的注意力，提醒他们遵守交通规则，从而达到预防交通事故发生的目的。

三、公共设施公示语

公共设施公示语的翻译工作是生态翻译学研究的一个重要组成部分，因为它涉及多种不同的文化、语言和社会环境之间的交互。公共设施公示语涵盖了公园、博物馆、图书馆、体育馆、医院等场所的公示语。这些公示语具有指示、提醒、规定等作用。在翻译这类公示语时，翻译者需要考虑译文的准确性、简洁性和易理解性。

公园的公示语通常包括指示、提醒、规定等多种类型。例如，"请勿践踏草坪"可翻译为"PLEASE KEEP OFF THE GRASS"。这个翻译不仅准确地传达了源语言的内容，还保持了简洁明了的语言风格，非常易于理解。这样的翻译具有准确性、简洁性和易理解性，而且具有很强的实用性。

第四章　生态翻译学在商务英语翻译中的实践

第四章　生态翻译学在商务英语翻译中的实践

第一节　商务英语概述

商务英语是在商务活动中所使用的英语，是商务交流较为重要的语言之一，对商务英语的深入研究具有很重要的现实意义。商务英语具有七大特点：专业性强、句式规范、句式复杂、语篇规整、用语精准和完整、语言礼貌、格式化等。商务英语翻译必须忠实于原文，并对词语、句子、篇章、语用等方面进行分析。

一、商务英语语言的内涵

商务英语（business English），顾名思义，是指在跨文化商务交际过程中所使用的英语。商务英语是服务于商务活动的一种具有专门用途的英语体系。随着世界各国经济的快速发展，以及越来越明显的经济全球化趋势，商务英语已逐渐成为跨文化商务活动中重要的交际工具以及人与人之间沟通的桥梁。其服务对象的特殊性决定了商务英语在用词、句法以及文体等方面与传统的英语有许多不同之处。

在我国，商务英语主要应用于国际贸易，因此也被称为"外贸英语"（foreign trade English）。商务英语在大学教育中指的是商务英语专业中的商务英语学科知识体系，主要用来传递知识与信息，能够突出反映国际商务学科领域的特征和发展情况，具有明显的学科性。

从字面意义上理解商务英语，可以发现其包含"英语"和"商务"两部分。但是，商务英语的含义绝不是这两部分的简单相加，而是这两部分的互相融合、互相渗透，缺一不可。

二、商务英语语言的特征

(一)商务英语的词汇特点

商务英语具有专业化和针对性。它注重的是商务沟通中口语与书面语表达的准确、简练、规范。这就对商务英语的翻译提出了更高的要求。商务活动的性质决定了语言的使用特点,其词汇特点如表4-1所示。

表4-1 商务英语的词汇特点

商务英语的词汇特点	具体阐释
使用单一词汇	商务英语常选用词义相对单一的词,而不采用那些词义丰富、灵活的词,这样做的目的是使行文更加准确、庄重和严谨
使用缩略语	缩略语是商务英语词汇的重要组成部分,它是人们在长期的商务实践活动中逐渐总结出来的。商务英语中的缩略语主要有三种形式:首字母缩略语、辅音缩略语、截短词缩略语
使用专业术语	商务英语是专门用途英语中的一种,涉及国际贸易、金融、营销、保险、法律、物流等多个学科领域,具有很强的综合性和应用性。因此,商务英语中会出现大量的专业性很强的术语,这些术语体现了鲜明的行业特征
使用古词语	在商务英语中古词语经常出现,为的是体现其庄重严肃的文体风格。商务英语中使用的一些古词语多为复合副词
使用正式词汇	商务文书通常具有严谨性、规范性和约束性等特点,正式的词汇、规范的句型和复杂的长难句确保了商务英语文本的准确性和严谨性,并增强了文本的可信度。因此,商务英语文本通常使用较正式的词汇,避免过分口语化和较随意的俗语和俚语表达方式

续 表

商务英语的词汇特点	具体阐释
使用新词	语言是随着社会的发展而不断变化的，社会政治、经济、文化等方面的发展变化也会通过词汇反映出来，商务英语也不例外。商务交流过程中使用的新词充分体现了商务文本与时俱进的时代性
使用成对同义词	商务英语中经常会使用成对的同义词或近义词，以确保行文的准确性，避免产生歧义

（二）商务英语的句法特点

商务英语的句法特点如表 4-2 所示。

表 4-2　商务英语的句法特点

商务英语的句法特点	具体阐释
使用套语	在商务活动中，不同的商务语形成了固定的套语。固定的套语语言严谨、紧凑，表达规范，高度程式化，具有较强的模仿性，是国际商务英语句式的鲜明特征之一
使用复杂句	商务英语中的句子有的很长，句式结构比较复杂，句中常常用插入语、从句等限定、说明成分，形成冗长而复杂的句式结构，往往一个句子就是一个段落
使用被动句	商务英语的一大语言特点是使用被动语态，被动句表述客观、正式，具有表达委婉、言语礼貌的功能。使用被动句既可以减少主观色彩，又可以避免句子"头重脚轻"，还能减轻交际对象的反感，体现礼貌得体的原则
使用带 shall 的句子	在商务英语中，经常使用带 shall 的句子，目的是增强语气。尤其是在一些合同类的材料中，shall 不仅表示将来时，还体现了合作双方的职责和义务，通常带有"应当""必须"等强制意味
使用定语从句	商务英语中经常使用定语从句，以准确地指出在何种情况下、何时、何地、以何种方式来承接业务和完成业务

(三)商务英语的修辞特点

商务英语的修辞特点如表 4-3 所示。

表 4-3　商务英语的修辞特点

商务英语的 修辞特点	具体阐释
商务英语中的比喻	商务英语中的比喻大多为隐喻,它不仅是对语言的修饰,还能折射出交往者看问题的角度或认知方式,甚至能映射出商务活动的发展方向和宏观态势
商务英语中的借代	商务英语中常用一个具体形象的词来指代一种概念或一种属性,通过人的联想,将具体词的词义引申出来,从而使表达更加生动、灵活
商务英语中的拟人	拟人就是用描写人的词语来描写事物,使物具有人的言行、思想和情感。在商务英语中,运用拟人的修辞手法,可使所述内容更加生动亲切,增强语言的感染力
商务英语中的委婉	在商务活动中,经常会出现对方所提要求不合理的情况。这时,如果采用直接的方式表示拒绝,就很容易伤对方的面子,也使双方没有回旋的余地,甚至会导致商务交际的失败。如果使用委婉的方式表示拒绝,既可以达到否定的目的,又可以顾全对方的面子
商务英语中的反复	反复是通过对某个词语或短语的重复来强调本体、表达情感的一种修辞手段。商务英语中适当地使用反复能够强调所表达的内容,引起话语接受者的注意
商务英语中的夸张	商务英语中经常使用夸张的修辞手法,因为适当使用夸张手法有助于增强语言的感染力,从而引发读者联想,加深读者印象

(四)商务英语的风格特点

1.商务英语的格式规范、统一

商务英语是国际上处理各类商务事宜时使用频率较高的语言之一,来自不同国家、不同地区的人都以英语为媒介来协商与处理相关事务,从而实现各自的预期目的。这就要求商务英语采取统一、规范的格式,尤其是在一些具有重要意义的法律文件中。只有采用了统一、规范的文本，才能使交易双方的权利、义务用文字明确下来，确保来自不同国度、使用不同语言的贸易双方的权益不受侵害，为双方顺利开展贸易合作打下坚实的基础。

2. 商务英语的条理清晰、固定

商务交际具有复杂性与高效性的特点，这就要求商务英语的表述必须做到主次分明、条理清晰。具体来说，商务英语应使用相对固定的表达形式，极力避免逻辑混乱或者观点不清等问题，必要时还可附上范例、说明、图示等，这样才能使交际伙伴在最短的时间内把握核心内容，并做出回应。下面以商务说明书为例来进行说明。

商务说明书常常通过对产品性能、原材料等方面的介绍来达到宣传产品、吸引消费者的目的。为此，商务说明书往往是在对顾客心理进行深入分析的基础上，按照顾客的思维逻辑来组织语言的，其目的在于吸引顾客的注意力，促使顾客驻足购买。概括来说，商务说明书通常按照"标题—正文—落款"组织内容。

（1）标题。标题既可以直接使用"产品简介""操作说明"等，也可以商品名称为标题。为凸显商品特色，还可在商品名称之后增加副标题。此外，标题还可向消费者表明商品的注册商标、生产厂家等信息。

（2）正文。作为商务说明书的核心部分，正文通常包括以下五个方面的内容，如表4-4所示。

表4-4 商务说明书正文内容

序 号	商务说明书正文内容
1	商品概况（名称、发展史、产地、制作方法、规格等）
2	商品的性能、用途
3	安装和使用方法
4	保养和维修方法
5	附件、备件及其他需要说明的内容

由于类别与功能的不同，人们在书写正文的内容时可对以上五项有所取舍。

（3）落款。在落款部分，通常需要注明生产厂家和经销单位的名称、地址以及联系方式等，以便消费者进行咨询。

3. 商务英语的措辞婉转

为了创造和谐、友好的交际环境，营造良好的交际氛围，商务英语通常使用一些委婉的表达方式，这对避免交际双方产生冲突，妥善处理矛盾与纠纷具有重要的作用。具体内容如下。

（1）使用过去时。使用过去时来表达现在的愿望、请求、建议等，可以体现出商量的语气，从而给对方留有足够的余地，促进交际的顺利进行。

（2）使用进行时。由于进行时常表示暂时进行的动作，因此商务英语常通过进行时的使用来表达观点，这就意味着请求不是深思熟虑的结果，而更像是一时的想法，从而使双方都保全了面子。此外，使用进行时还可以使对方也参与到对话中来。例如：

We were discussing the terms of payment and the shipment.

我们正在讨论付款方式和装运事宜。

本例使用了进行时，这就使听话人感觉交流尚未结束，自己可以随时加入，营造了良好的谈话氛围。

（3）使用虚拟语气。国际商务活动常涉及交易价格、保险、装运、索赔等与利益有关的敏感内容，双方在交际过程中常常会提出自己的意见，当没有得到满意答复时，甚至会"威胁对方"。为将交际中"威胁对方"的负面影响降至最低，商务英语常使用虚拟语气。

（4）弱化肯定语气。一些具有弱化功能的表达方式，如 I think、I hope、I regret、I please 等可使建议更加容易被接受，从而有利于商务交际目的的实现。

（5）委婉否定。当交际一方不能接受对方的请求、建议时，如果直接使用否定句"I can not accept at all."或"I don't agree.",既会损伤对方的面子,也不利于取得满意的沟通效果。此时,应使用一些委婉拒绝表达法。例如:

We presume that there must be some reason for your having trouble with this article.

我们认为你们对此项条款内容的实施一定有什么困难之处。

本例没有直接使用否定句,而是从对方角度出发来进行分析,比直来直去的拒绝更为礼貌和可接受。

4. 商务英语的语言简练清晰

随着社会的发展与科技的进步,人们的生活节奏在逐渐加快,越来越多的人更加重视商务活动的交际效率。具体来说,商务活动的参与者越来越希望在更短的时间内处理更多的问题,实现更大的交际效益。因此,在交际过程中,商务英语的表达必须简单明了,避免模棱两可、拖泥带水、烦冗重复。试比较下面句子。

(1) We will write to you at an early date.

(2) We will write to you soon.

这两句话的意思都是"我们会马上给您回复",句子(1)存在用词冗余的问题,而(2)在保持原意的同时使用了简洁的表达方式,从而使语句内容更加清晰,行文更加流畅。

三、商务英语翻译策略

商务英语翻译的策略有很多,归纳起来主要有以下九个方面,如表4-5所示。

表4-5　商务英语翻译策略

商务英语翻译策略	具体阐释
直译	直译法多用于翻译商务英语中的专业词汇、简单句或者带有修辞手法的语句。很多国际机构为了得到最原始的资料，特别要求译文采用直译法
顺译	英汉语言在表达顺序上存在的共同点使一些英译汉或汉译英基本不用调整语序。顺译法多用于翻译句式较简洁的英汉语句或用来反映、介绍客观情况的语句。商务英语翻译中有些句子虽然看起来很长，但句子所表述的内容基本上是按照动作发生的时间先后顺序或内在逻辑关系来安排的
意译	意译法就是按照原文大意进行翻译的方法。翻译者在翻译商务英语文本的过程中，如果采用直译法无法将原文的意义传达出来，即可采用意译法。意译法可以尽可能忠实地再现原文的内涵与风格
转译	商务英语中的转译主要涉及词类的转译，较为常见的是名词、动词、形容词、介词的转译，如动词与转译为名词，介词可以转译成动词，形容词可转译为名词或动词，名词可转译为动词、形容词或副词等
逆译	英汉语言在思维模式与表达方式方面存在不同之处，因此从句子成分的角度来说，翻译时要重新调整语序，译文的表达顺序通常不同于原文
反译	反译法是指在保持原文内容不变的情况下将原文的肯定形式译成否定形式或者把否定形式译成肯定形式，从而使译文的表述尽量符合译入语读者的思维习惯。商务英语中的反译主要有两种情况，即用变换语气的方法将原文的肯定式译成否定式，或使用变换语气的方法将原文的否定式译为肯定式
省译	有时候，原文中有些词在译文中不必译出来，因为译文中虽无其词却有其意，或者其意在译文中是不言而喻的。商务英语翻译中有时会用到省译策略。需要注意的是，省译并不意味着要将原文的思想内容略去，而是在不改变原文意思的前提下将句中某些成分省略不译
增译	所谓增译法，是指在译文中增补一些词、短语或句子，以便更准确、恰当地表达原文的意义。商务英语中时常用到增译策略

续　表

商务英语翻译策略	具体阐释
不译	在商务英语翻译过程中，不译的情况主要有两种：①一些词的意义并不能从字面上表现出来，其含义已经融入具体的语言环境，翻译时，这些词语可以不译；②一些词汇或者专业术语的知名度很高，不翻译也不会影响读者理解，这些词语也可以不译

第二节　商务英语翻译派别和标准

一、商务英语翻译的派别

在对翻译进行研究的过程中，不同的学者由于观点不同形成了不同的派别。对这些翻译派别的了解对于商务英语的翻译有着重要的借鉴作用。

（一）商务英语翻译的语文学派

语文学派（the philological school）是西方最早出现的翻译学派。这个学派认为翻译是一门艺术，因此将翻译视为原作者使用译入语进行的再创造。语文学派认为译文应该和原文一样能将美的享受带给读者，翻译过程中应该注意译文的神韵，不应该死译、强译，应保持译文的美学效应。语文学派在发展过程中比较著名的代表人物有德莱顿、泰特勒和塞弗瑞等。

17世纪，翻译理论家德莱顿主张翻译应该以原文和原作者为着眼点，尊重原作的思想，最大限度地使用译入语来表达原文意思。而德莱顿对翻译的另一大贡献在于其提出了翻译的三大类别：直译、意译和拟译。这种分类方法打破了当时二分法的束缚，对于西方翻译理论史的发展起着重要的推动作用。

语文学派的另一代表人物是泰特勒，他在《论翻译的原则》中指出："对译者来说，在忠实和谨慎以外，也没有其他要求。但既然不得不承认语言的特性不同，于是一般人都普遍认为，译者的职责只是洞悉原文的意义和精髓，透彻了解原文作者的思想，以及用他认为最适当的文字传达出来。"由此，泰特勒提出了翻译三原则。塞弗瑞对翻译的贡献则在于其提出了著名的六对翻译原则。

综上所述，语文学派在研究过程中关注的重点是译文的忠实性。其认为原文对译文有一定的主导作用，因此翻译时应该时刻以原文为标准，最大限度地追求原文和译文的契合性。但是需要指出的是，语文学派过分重视原文对译文的指导作用，在很大程度上限制了译文创造性的发挥。

（二）商务英语翻译的解构学派

解构学派于20世纪60年代后期出现在法国。这种翻译学派对传统翻译理论提出怀疑，以怀疑的态度去审视存在的翻译理论与标准。

沃尔特·本雅明、雅克·德里达、米歇尔·福柯等人是解构学派的代表人物。这些学者将解构主义的思维带入了翻译研究的过程中，并采用怀疑与批评的态度对翻译理论的问题进行研究。因此可以说，解构主义的出现为翻译研究带来了崭新的视角与研究方向。

翻译的过程是不断对原文进行补充和延伸的过程，译文虽然可以接近原文，但是却不能等同于原文。这主要是因为意义的不确定性，原文的中心是无法完全体现出来的，译文只是对原文的重新理解与创造，因此对原文并没有忠实可言。译者在翻译过程中应该对原文的观点进行解构，从而使译文具有延续性和创新性。解构主义的观点是对传统翻译观点的颠覆，这种逆向的思维模式为翻译研究带来了新的方向。但需要注意的是，解构并不是翻译的目的，它只是翻译的手段，因此不能完全取代传统的翻译理论。商务英语翻译是翻译的重要组成部分，因此，这些翻译学派的观点对于指导商务英语翻译有着重要的作用。

(三)商务英语翻译的语言学派

语言学派产生于20世纪中叶。语言学家雅各布森在1959年发表的《论翻译的语言学问题》中,从语言学的角度对语言和翻译的关系、翻译的重要作用、翻译中存在的问题进行了论述,从而为语言学派的翻译研究有着开创性的贡献。尤金·奈达也是语言学派的重要代表人物,他提出了"翻译的科学"这一重要概念。他在语言学研究的基础上,将信息论应用到翻译研究过程中,并提出了著名的"动态对等"和"功能对等"翻译原则。纽马克在前人研究的基础上,提出了交际翻译与语义翻译的方法,这对翻译研究有着重要的影响。

从对语言学派翻译家的不同观点的介绍中可以看出,这个时期学者关注的核心问题是语言转换过程中的变化规律,也就是"对等"问题。但是由于过分追求对等,翻译在一定程度上也成为语言学研究的附庸,无法真正体现出其科学价值。因此,很多学者在研究过程中开始从翻译的目的着手,对翻译进行探究。

从整体上来说,语言学派主要从对等、功能、认知的角度进行翻译研究,通过使用语言学中的重要理论,如功能理论、认知理论、转换生成理论,对翻译的系统性和规范性起到一定的指导作用。语言学派的翻译研究涉及语言的不同层面,同时关注到翻译中的功能与认知等因素,因此提高了翻译研究的系统性。

(四)商务英语翻译的阐释学派

由于个人思维方式的差异、语言使用习惯的不同以及认识世界角度的不同,在翻译实践过程中,不同译者对于语言的理解也存在一定的差异。在这种情况下,作为研究理解与解释的一门学科——阐释学应运而生。

阐释学在研究过程中主要的着眼点是语义,也就是要探索理解与解释之间的本质和联系。在理解与解释的过程中,文本和解释者是不可或缺的两大要素，因此在研究过程中，最根本的任务是探究文本和解释者的本质特征。

英国的神学家汉弗雷提出了"翻译即解释"的命题，这种观点在一定程度上受到阐释学观点的影响。在翻译学的研究过程中出现了很多著名的阐释学家，如海德格尔，他的观点引起了很多学者的关注。阐释学派在翻译研究过程中十分重视阐释学和接受美学。其主要原因体现在以下两个方面：①翻译研究的成果能够为阐释学和接受美学提供充分且有力的例证；②阐释学和接受美学可以为翻译研究提供丰富的理论依据。

综上所述，阐释学派对翻译的贡献主要体现在以下五个方面。

（1）阐释学派认为译者在翻译过程中是信息的接收者，处于主体地位。

（2）在翻译过程中应该重视读者的感受，应该以读者的反应为参照物。

（3）对翻译的本质进行了探究。

（4）通过阐释学和接受美学的相关原理，对翻译实践中的具体问题进行了分析。

（5）传统的翻译学理论认为要忠实于原作，而阐释学派对此进行了质疑，因此在一定程度上触动了传统翻译观点。

（五）商务英语翻译的目的学派

目的学派主要强调翻译行为的目的性，认为翻译目的决定了翻译过程和翻译策略的使用。这种观点在一定程度上能够提高译者的主动性。

自20世纪70年代以来，目的学派成为德国最具影响力的翻译学派，同时对于世界翻译理论的发展也有着重要的贡献，其代表人物有凯瑟林娜·赖斯、汉斯·弗米尔、贾斯塔·赫兹·曼塔利和克里斯蒂安·诺德。

翻译目的指的是译文的交际目的，也就是说，译者在翻译过程中应该先考虑译文的功能特征。目的学派主张翻译应该具有行为性和文本加工性。行为性主要体现在对不同语言转换而进行的复杂的设计与构思上；

翻译的文本加工性主张不应该将原文作为翻译的唯一标准，原文的作用是为译者提供翻译所需要的各类信息。译者在翻译中的任务不再是进行严格对等的语言之间的转换，而是从原文中提炼符合翻译目的的信息进行翻译。

目的学派重视译文在译入语中的接受程度和交际功能，强调译者在翻译过程中应先考虑译文的功能特征，而不是遵守对等原则，这在一定程度上解放了传统翻译观点中以原文为硬性标准的翻译传统，为翻译开阔了视野，有利于翻译理论与翻译变体的发展，同时提高了译者的主动性与积极性。但是目的学派过分强调读者的主体性，否定了作者的主体性，因此其观点带有一定的主观性，难免有些极端，因此人们应该客观地认识它，不能主观臆断。

（六）商务英语翻译的文化学派

文化学派主要以1972年霍姆斯发表的《翻译研究的名与实》为起源。在这个时期，很多学者主要从文化层面对翻译进行探索。在探索过程中，文化学派力图打破文学翻译中的陈规，试图在综合理论的指导下进行文学翻译研究。

霍姆斯对文化学派的发展做出了突出的贡献。他首次将翻译视作一门学科进行研究，并且对翻译学科的内容进行了详尽的阐述。翻译学被分为纯翻译学和应用翻译学。纯翻译学主要包括描写翻译学和理论翻译学，应用翻译学主要包括译者培训、翻译工具书、术语数据库研究和翻译批评研究。这一框架为翻译研究奠定了坚实的基础。

20世纪80年代末90年代初，西方的翻译研究开始转向文化层面，并积极运用文化理论对翻译进行新的阐释，其主要理论有解构主义翻译理论、女性主义翻译理论、后殖民主义翻译理论。文化学派的出现是文化发展的必然结果，其对于翻译研究的发展发挥着重要的作用。

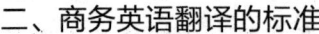

二、商务英语翻译的标准

因为商务英语翻译是一种科学性翻译,所以在翻译的过程中需要注意翻译原则和翻译标准,只有这样才能提高译文的准确性和适宜性。商务英语翻译是翻译的重要分支,译者有必要熟知和掌握某些翻译理论,从而开阔自己的视野,提高自己的翻译能力。

由于中西方学者所认为的翻译重点和所选择的翻译方向不同,因此形成了不同的翻译理论和观点。这一情况对译者的思维模式提出了要求,要求译者同时具备中英两种语言的思维模式,能在具体的翻译过程中进行思维模式的转换。

由于思维模式影响着语言的使用,所以译者需要在理解的基础上对原文进行创造,从而使译文更加符合译入语的语言使用规范。商务活动带有很强的实用性和灵活性,这对译者的素质就有了很高的要求。译者在具体的商务英语翻译实践过程中应注重检测自己所翻译的译文的质量,提高译文的准确性。

需要强调的是,翻译是一门实践性学科,理论的介绍只能够指导译者的实践工作,翻译技能的提高还需要译者进行大量的训练,商务英语翻译尤其如此。

关于翻译的标准,国内外的学术界都没有统一的界定。商务英语翻译是翻译的重要分支之一,因此,其标准的界定也应该在总体翻译标准的范畴内。下面笔者对中外学者的翻译标准研究进行总结,以其指导具体的商务英语翻译工作。

(一)中国商务英语翻译标准研究

我国的文字翻译源远流长,从 2 500 多年前就已经开始了。在漫长的翻译研究过程中,我国很多学者对翻译的标准都有着自己独到的见解。了解和掌握这些翻译标准,有助于人们更轻松地翻译文章。

随着全球化进程的加深,中国与世界的商贸联系更加密切,对商务文本的翻译需求也越来越多。由于商务文本涉及各方的经济利益,因而对商务文本翻译的要求很高,翻译学界对商务英语翻译标准的讨论也更加深入。

自20世纪80年代开始,西方译论被大量引入中国。以此为契机,我国传统的翻译标准被重新审视,引进了西方的诸如"等值""等效""对等"等翻译新概念。但这些标准均是基于语言文化习惯非常接近的西方语言文字之间的翻译而提出的,若将它们直接用作语言文化差异较大的汉语同英语之间的翻译标准,显然不合适。非文学翻译所涉及的范围、专业较广,商务英语翻译作为非文学翻译中的一种,有其自身的文体风格和翻译特点。因此,笔者结合商务英语的特点和语用功能,参考哈贝马斯的交往行为理论,提出了商务英语的翻译标准:忠实(faithfulness)、准确(exactness)、统一(consistency)、得体(appropriateness)。

中国商务英语翻译标准的研究历程如表4-6所示。

表4-6 中国商务英语翻译标准的研究历程

翻译家	简 介	主要思想和主张
严复	清末思想家、教育家和翻译家	严复通过汲取古代佛经翻译理论的精髓,结合自己的实践经验,提出了著名的翻译标准——信、达、雅。在商务英语翻译实践过程中,"信"要求译文要忠实,"达"要求译文要顺畅,"雅"要求译文要符合具体的商务环境和语言使用环境。商务活动讲求效率,严复的三标准可以严格规范译者的翻译活动,从而提高翻译质量

续　表

翻译家	简　介	主要思想和主张
梁启超	我国近代思想家和文学家	梁启超主张翻译书籍务必让读者深刻了解原文含义，如果原文含义有误，只保留原文部分含义或增减原文内容、颠倒原文顺序等都是会造成混乱的。另外，译者的学识、专业必须和原作者接近，这样才能翻译出质量上乘的作品。在商务英语翻译中，译者并不是单纯地对两种语言进行转换，还需要有一定的商务知识，这样译者才能正确理解商务活动双方的交际意图和交际话语。当译者的商务水平和交际双方接近时，才能有效保证译文的正确性和得体性
鲁迅	我国近代思想家、革命家、文学家、评论家	鲁迅的翻译思想如下：①翻译要"有味""有益"；②信为主，顺为辅；③直译为主，意译为辅。鲁迅的翻译理论在商务英语翻译实践中的作用十分重大。商务英语翻译是一种交际性很强的翻译活动，交际双方的话语中可能隐含着自身的语言含义，因此译者需要用"直译为主，意译为辅"的标准来衡量自己的译文，从而做到译文的准确、有效

（二）西方商务英语翻译标准研究

西方对翻译的研究有着很长的历史，下面对其进行总结，从而为商务英语翻译带来一定的启示，如表4-7所示。

表4-7　西方商务英语翻译标准的研究历程

学　者	主要思想和主张
皮亚杰	（1）翻译结构应具有自我调节的功能。 （2）翻译结构应该具有动态性。 （3）翻译结构应该具有整体性，这主要指的是构成这一结构的各要素相互依存

续表

学　者	主要思想和主张
泰特勒	（1）译文应完整地再现原作的思想内容。 （2）译文的风格、笔调应与原作相同。 （3）译文应与原作一样流畅自然
多雷	（1）译者必须完全理解所译作品的内容。 （2）译者必须通晓所翻译语言和译文语言。 （3）译者必须避免逐句翻译。 （4）译者必须采用通俗的语言形式。 （5）译者必须通过对选词和词序的调整使译文摆脱晦涩感
费道罗夫	（1）翻译的目的是使译入语读者能够了解原文的内容与思想。 （2）翻译就是用一种语言把另一种语言在内容与形式不可分割的统一中已经表达出来的东西准确而完全地表达出来
哈贝马斯	（1）在语言的认识式运用中，陈述内容的真实性就居于显著地位。 （2）在语言的相互作用式运用中，人际关系的正确性（或适宜性）居于显著地位。 （3）在语言的表达式运用中，言说者的真诚性居于显著地位

第三节　商务英语翻译生态分析

根据梯度分析法（gradient analysis）和区域分析法（zone analysis）的概念，可以将商务英语翻译生态划分为宏观生态、中观生态、微观生态三个层次。笔者重点阐述微观生态和宏观生态。微观商务英语翻译生态环境指影响单个商务英语翻译作品的相关因素（如译者、文本等），而宏观商务英语翻译生态环境是指对于某一历史时期，对整个国家或者社会的翻译倾向（翻译选择）、翻译发展等起重要作用的相关因素（如国家制定的翻译政策等），如图4-1所示。

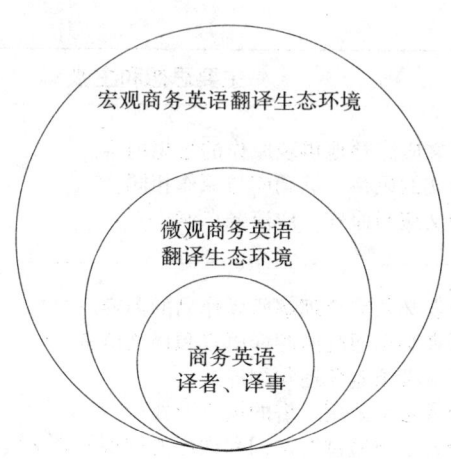

图 4-1 商务英语翻译生态层次

钱春花在研究中将翻译生态系统分为宏观环境系统、核心要素系统、支持环境系统三大类。第一，宏观环境系统。在商务英语翻译中，译者的翻译行为受到政治、经济、文化和自然环境等宏观环境因素的影响。例如，译者的翻译行为会受到母语文化中宗教、文化习俗和思维方式的影响。第二，核心要素系统，主要包含作者因素、译者因素、读者因素。翻译都有一定的目的性，商务英语翻译中的目的性尤为突出。从作者因素看，作者的价值观、表达方式和文本语言都会影响译者翻译出来的译文。原文或多或少地渗透了作者的知识背景、时代背景、个人价值观念、个人特质，而译者是否能够完全领会作者的理念、语言和文本，在于译者与作者的契合度和特质的相似度。译者因素包括译者理念、翻译动机、译者情感、专业能力、语言能力和创造能力。读者因素指的是读者理念、读者语言和读者情感。读者阅读译文的过程是读者与译者视域融合的过程，读者理解译文的过程是读者进行再创作的过程。因此，读者因素也是翻译生态系统中重要的因素。第三，支持环境系统。商务英语翻译支持环境是商务英语翻译活动所处的业务环境，包括翻译资源、行业环境、翻译研究、翻译技术、译者的权力因素等。例如，译者在进行特定领域的商务合同翻译时，需要参考相关的专业术语、背景文献，这些资源的丰富程度（即从资源到译者的信息通畅程度）会在很大程度上影响翻译的效率和效果。具体内容如图 4-2 所示。

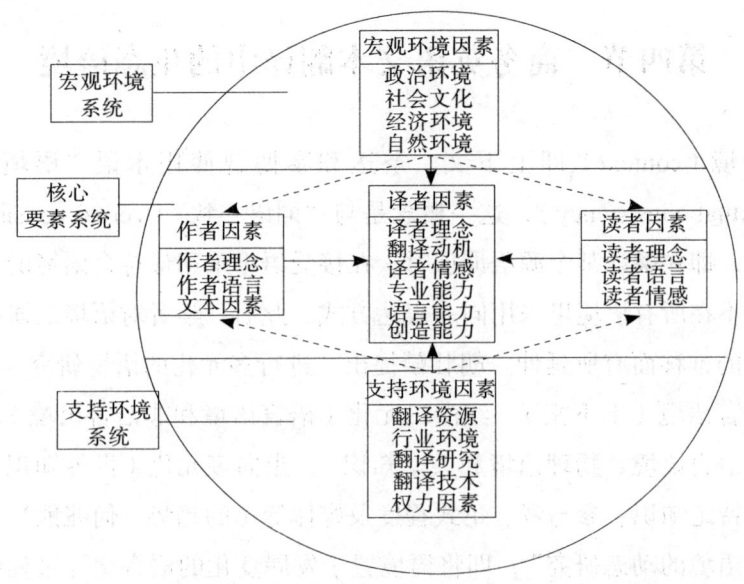

图 4-2　翻译生态系统

从图 4-2 中可知译者因素处于翻译生态系统的中心。生态翻译理论认为翻译不是简单的语言间转换，在这个复杂过程中，译者具有主观能动性。因此，生态学视域下的翻译研究非常有必要研究译者。译者的精神追求、情感需要、经济利益取向、个人兴趣甚至性格特点都在翻译过程中有所体现，译者的翻译实践经验也会对翻译质量产生一定的影响。哈德冈底斯·斯朵茨从译者的发展角度分析了译者进行翻译时所处的系统环境。他将翻译生态中译者的环境分为情感动机（emotive motivation）、知识发展（intellectual enrichment）、翻译装备（material outfit）、认知过程（cognitive process）。情感动机主要是指译者接受或拒绝相关翻译业务的动机，如对客户的态度、经济等因素。翻译装备是一种广义的说法，包含译者翻译中的设备、翻译经验以及相关的背景知识。知识发展将翻译业务作为人们终身学习的一部分。认知过程是指译者凭借自身翻译能力对翻译文本进行理解，并将原文翻译为译文的过程。

第四节 商务英语文本翻译中的生态语境

语境（context）即上下文。奈达和泰博曾使用术语"语境一致"（contextual consistency），这一概念是与"词语一致"（verbal consistency）相对的，即在翻译某个源语词项时，在接受语中采用最符合语境的表达方式，而不在所有语境里采用同一表达方式。此后，学者对语境的研究也随着时间的推移而有所延伸。胡壮麟提出"进行多元化的语境研究"，即从一元语言语境（上下文），经由二元化（语言语境和非语言语境），到三元化（语言语境、物理语境和共享知识），走向多元化（世界知识、集体知识、特定知识、参与者、正式程度及媒体等）的趋势。何兆熊、蒋艳梅提出"语境的动态研究"，即将语境置于发展变化的语言交际过程中进行研究。而在商务英语翻译生态整体、动态、联系的思考方式下，某一商务英语翻译项目所处的语境是一种关注时空、纵横的四维立体的语境，被称为"生态语境"。生态语境不但包含同一时间内诸多因素组合成的"多元化"语境，而且是根据时空变化而变化的"动态语境"。在"生态语境"指导下，译者应试图走进语境，即"入境"，并试图站在作者、读者和委托者的立场上看待译文，即"处境"。

一、商务英语翻译应关照生态语境

在商务英语翻译中，译者首先应该入境，即关注商务英语翻译项目所处的生态语境，关注生态语境中的各种因素。例如，杭州著名景点胡雪岩故居中有一建筑名为"影怜院"，原译为"Shadow Loving Garden"。本书认为，翻译此类文本的译者首先应该入境，真正走进"影怜院"所处的翻译生态语境之中，详细了解其相关信息，而不是单看字面意思就马上给出译文。"影怜院"是胡雪岩故居中的建筑之一。清末红顶商人胡雪岩的故居位于杭州市河坊街、大井巷历史文化保护区东部，建于清同治十一年（1872年），建筑面积5 800多平方米。胡雪岩故居从外部建筑到室内家具陈设，用料之考究，堪称清末"中国巨商第一宅"。通过实地考察以及查阅相关文献，可以发现从这一建筑本身功能和格局来看，"影怜院"并不像字面上说的是个"院子"，而是一个接待客人的"厅"，周边确实有院子，但主建筑应该是厅。此外，建筑内有当时从欧洲购买的两面落地大镜子和日本购买的水晶大吊灯，人们跳舞时银镜照影，故称"影怜院"。译者"入境"后便很容易发现原文中的"影"指的是"镜子里面的影子"，而"院"实际为"厅"，因此翻译为"Reflection Loving Hall"更加合理。此处的翻译生态语境包含了"影怜院"的背景、物理环境、历史等，译者在对此类文本翻译时，需先"入境"。译者翻译时先"入境"，不仅体现了译者用科学的、整体的、关联的生态视角看待翻译任务和对生态语境的重视，还体现了译者的责任心和翻译经验。

二、商务英语翻译应关照读者处境

商务英语翻译应关照读者的处境，即读者的背景知识、语言、理念和情感等，这样才能使作者视域、译者视域、读者视域融合，达到和谐统一的境界。

关照读者的处境，首先需要分析潜在读者群，站在对方的立场上进行考虑。例如，国内某银行的开户申请书将"姓名"这一项译为"English name"，译文看似很为读者考虑，实则存在漏洞。如果译者站在读者处境思考，就会想到在银行申请开户的外籍人士不仅有英国人，还有德国、意大利、日本等国家的人，这类人也应该填英文名吗？这个例子足以证明译者在进行商务英语翻译时，处境思考非常重要。

关照读者的处境，需分析目标读者所处的物理环境，如笔者在浙江省温州市雁荡山收集的一则公示语"请当心"（PLEASE TAKE CARE）。这则公示语置于凸出的山体上，由于此处游客很容易碰头，为了提醒游客注意安全，景区管理处特设此公示语。笔者在景区另一处山体凸出和容易碰头的地方还收集到"小心碰头"（BE CAREFUL）的公示语。且不论两则公示语译文的用词和语法，先来关注目标读者所处的物理环境，读者看到公示语，需要有一段做出保护性反应的时间，因此译文句子不宜过长，译文应该简洁明了，不能拐弯抹角，否则读者还没反应过来就已经撞上去了。鉴于这种目标读者所处的物理环境的特殊性，笔者建议将原文中对读者没有用的信息删除。原文只是译文的一个信息来源，译者不可能像原文作者那样提供同样数量或同样性质的信息。在警示类的信息中，对于作者来说最重要的是发出警示，而对读者来说最重要的是在最短的时间内理解警示。因此，译语中那些不符合关联度原则的次要信息不但没有交际价值，反而会影响交际。

关照读者的处境，还需关照读者所处的文化背景。鉴于目标读者、译者和作者文化背景有别，为了使翻译生态中"作者—译者—读者"三方之间的信息流通顺畅，译者必须考虑到目标读者的文化背景，根据其对译文进行调整。有时，原文对源语特有的文化现象缺乏必要的注释，目标语读者就会觉得费解。在翻译过程中，译者常常需要通过注释这一方法来弥补译文读者所缺乏的共享信息或文化背景知识，否则译文读者对源语特有的文化现象就无法理解。

第五节 商务英语生态翻译应用

随着越来越多的国内外翻译学界人士开始关注生态翻译学，一些人开始对生态翻译学的应用进行研究。其中包括对不同翻译领域进行研究，

第四章　生态翻译学在商务英语翻译中的实践

如广告翻译、商标翻译等。本节将主要探讨生态翻译学在商务英语翻译领域中的实践。

一、广告翻译

随着经济全球化进程的加深、国际经贸交流的日益频繁，我国的优质商品逐渐进入国际市场，而国外的流行商品也流入中国，广告宣传的国际化趋势越来越明显。商务广告的翻译在国内外的商品推广中起着至关重要的作用，成功的商务广告翻译会给企业带来巨大的经济效益。研究生态翻译理论在商务广告中的运用可以为今后的商务广告翻译提供参考。

（一）广告的内涵

在经济高速发展的今天，广告不但渗透到人类生活的方方面面，而且在很大程度上支配着人们的消费观念和消费方式。此外，其还影响着人的自然观、社会观、生活观、价值观。"广告"一词起源于拉丁语"adverture"，意为"大喊大叫，以吸引或诱导人们注意"，在1300—1475年的中古英语时期演变成"advertise"，意为"引起人们注意，告知某人某事"。在汉语中，"广告"的字面含义为"广而告之"，这与英语广告的本意极为接近。可见，中外早期对广告的定义均包含了引起公众注意的意思。随着广告产业的发展，广告的传播方式也在不断发展，各种形式的广告主要通过听觉、视觉手段向大众进行传播，旨在扩大某种产品、服务或者思想的影响力，让更多的人接受这种产品、服务或者思想。

（二）广告翻译的前期研究

从文献检索看，以"广告翻译"为关键词检索出的文献有数百篇，这些文章研究的内容是杂合性的，包括狭义的广告语（词）、商标；以"广告语"或"广告词"为关键词检索出的文献却只有数十篇。广告语

（词）翻译理论与实践相结合、具有创意的研究文献寥寥无几。从理论视角分析，这些研究文献主要阐述"目的论""功能观""文化框架""美学修辞""认知语境""接受美学""生态翻译""互文性""语用学""创意学"，等等；在翻译方法对策上，这些文章主要介绍直译、意译、音译、编译、变译、归化、异化、译创等。例如，李祥德提出四字广告词组汉译英时可采用三种方法：直译、意译和修辞译法[①]；有的文章则在目的论的指导下讨论广告词翻译，提出以目的语语言为导向，应注重目的消费者的词汇特色、句法特征、文体特征。

从经验交流看，有些研究或对广告语翻译中的一些问题进行了经验总结，或从不同的理论视角进行了理据性说明，这些研究对广告语的翻译实践无疑具有积极的指导意义。还有相当一部分文献只是为了分类而分类，或只是套用某个理论概念来标新立异，实际上并不能说明广告语翻译的本质问题，或提供具有价值的方法论原则。有些研究在直译、意译、语义翻译、异化翻译、对等翻译等概念下归纳出广告语翻译的实例，而没有提供任何有新意的说明，只是分类概括而已。示例如下。

直译：

（1）Challenge the limits.

挑战极限。（SAMSUNG 三星）

（2）Hand in hand, future in your hand.

伴你同行，齐握未来。（太平人寿）

（3）Life is journey.Travel it well.

人生如旅程，应尽情游历。（United Airlines 联合航空）

（4）What can be imagined, can be realized.

只要有梦想，万事可成真。（香港电讯）

---

① 李祥德.广告中四字词组的英译法[J].中国翻译，1990（3）：13-16.

意译（或归化）：

（1）The color of success.

让你的业务充满色彩。（Minolta 复印机）

（2）Every time a good time.

秒秒钟钟欢聚欢笑。（麦当劳）

对于研究者来说，若简单地用"直译"或"意译"等概念去套用实例，既不对原广告语的语言特点和所推介的产品或服务特色进行关联性辨析，也不根据产品和服务特点对现有的译文进行创译性完善，没有做到形式与内容的统一，以求实现广告语翻译的最佳社会效应，那么这种分类概括是没有理论和方法论价值的，也不具有实践指导意义。

上述译文将"every time"译为"秒秒钟钟"，这使译文显得生硬；将"a good time"译为"欢聚欢笑"，只是突出一种热闹场面，对于一家具有西方异域饮食文化特色的快餐连锁店来说，此译法并没有体现出环境特色以及消费者独特的体验感。中国消费者光顾麦当劳这家体现西方异域文化的快餐连锁店实际上是想获得一种体验。正如广州日报一位记者所写："去麦当劳吃什么？有人总结说，吃档次、吃快捷、吃高雅、吃洁净、吃时髦、吃氛围……结果吃了半天，还没吃饱肚子。"故人们可将该广告语译为"每次光临，惬意欢畅"。

中文"惬意欢畅"的英文意思是"feeling pleasantly satisfied and thoroughly delighted"（给人一种极度愉悦和满足感），这就能够将光顾麦当劳的消费者对消费环境与服务质量感到满意的心境凸显出来。

现有有关广告语翻译技法的归纳概括大多数雷同，并且是在一些比较空泛的理论视角之下的主观印象式的讨论。其交代或介绍了特定的理论概念后，便转入具体的广告语实例的讨论，很少见到富于创见或颇有新意的论述，或研究者自己能提出别具一格的创译。不少用翻译生态学来解释广告语翻译的文章就落入了这种窠臼。胡庚申将生态学的一系列观点和概念引入了翻译研究，对翻译实质、翻译过程、翻译原则、翻译方法等问题给予了解释。曾萌芽在探讨生态翻译学视角下的广告翻译时，认为译者不论采取何种翻译方法，都必须多维度地适应特定的翻译生态环境，采取灵活多变的翻译方法，并真正地做到"三维"转换，如此才有可能产生整合适应度最高的译文。① 这种看似具有"新意"的广告语翻译"三维"观，实质上就是"语言维""文化维""交际维"。若将三个"维"字去掉，就只剩下"语言""文化""交际"这几个被无数相关研究文章反复使用的普通概念，而"生态翻译学"宛如一顶大帽子，套在了"语言维""文化维""交际维"之上。

（三）广告翻译的三维度适应

以生态翻译学为理论视域，以广告文体的翻译为例，从语言维度、文化维度、交际维度三个层面探究广告翻译，要求译者不但要通晓英汉语言体系差异、中西文化差异，而且要结合译者所处翻译生态环境中的超语言因素来考察翻译活动，从而实现广告翻译的整合性生态研究。

1. 语言维度

商务广告语言的表现要求如下所述。

（1）新奇性：鲜明突出。其是指宣传主题的鲜明突出、广告宣传对象主要特色和个性的鲜明突出，以及商品宣传方法的鲜明突出。这种新奇性的语言既吸引了客户的眼球，又有助于意义的传达。

（2）简洁性：简明通俗。其指广告语言要简洁、精炼，并令人读后过目不忘。广告语言中经常带有"can't""could't""won't""wouldn't""don't""you'll""that's"等词汇。

由于广告语言具有新奇性和简洁性的特点，在广告语的翻译中，译者必须根据源语和目的语的语言习惯进行一定的调整，使译文适应整个翻译生态。在广告语英译中的过程中，译者需要考虑中文用语的修辞手

---

① 曾萌芽. 生态翻译学视角下的广告翻译探析 [J]. 内蒙古农业大学学报（社会科学版），2012，14（1）：359-360，366.

法。中文广告语中常用比喻、拟人、夸张、反语、仿拟、反复、排比等修辞手法,以及四字词语。例如,著名的珠宝公司 De Bierres 的广告。

原文:A diamond lasts forever.

译文:钻石恒久远,一颗永流传。

在上面这则例子中,译者如果将原文直译为"钻石恒久远",实际上已经能够准确地表达原文的意思了,但是译者最后还是根据目的语中广告语的语言习惯,增加了"一颗永流传",将英语广告语译成对仗的形式。这种形式更加符合中文广告语的语言习惯,同时这种诗般的语言也给产品添加了几分诗意。

又如,一个国外杂技团的广告语。

原文:Exciting and breathing, colorful and beautiful.

译文:技艺惊人、扣人心弦,节目丰富、表演精彩。

该广告的原文用了四个形容词来描述杂技团的表演,如果译者不注意目的语读者的语言习惯,简单地将原文意思解释成"一场让人兴奋、呼吸、丰富、精彩的杂技表演",想必没有多少中国观众会对这样的表演有很高的期望值。这时,译者必须考虑整体翻译生态中的中国读者的文化背景和语言环境,中文广告语一般运用较多的修辞手段,如四字格。因此在翻译中,译者考虑到整体翻译生态,从语言维度的层面进行了相关的调整,将英语广告语中四个形容词翻译成"技艺惊人、扣人心弦,节目丰富、表演精彩"。

2. 文化维度

在翻译过程中,译者需要关照的不仅仅是语言层面的因素,还有文化层面的因素。好的译者首先应该是文化人,对文化差异具有一定的敏感性,并深入了解不同文化的差异,能适应性地处理好两种文化维度的翻译问题。

例如,在英美文化中,"individualist""personalized"这些体现个性、主见的词汇出现在广告中常常受到目标读者的青睐;而在中国文化中，常常将这些词汇与个人主义、损人利己联系起来。因此，译者在翻译广告时，应该跳出文本的局限，将广告置于整体的翻译生态下来考量，特别是考量原文所处的文化环境和目标语读者所处的文化环境。译者需要根据整体的翻译生态，做出适应性的选择，将原文恰如其分地用目标语读者所能接受的方式进行转化，这样既能体现英语文化中重视个体个性的一面，又能使译文符合中国读者的文化背景，做到"合而不同"。以吉利剃须刀为例进行说明。

原文：All these sensor technologies combine to give your individual face a personalized shave—the closest, smoothest, safest, most comfortable.The best shave a man can get.

译文：所有这些感应技术给您的脸部提供了最具个性化的剃须刀——最妥帖、最滑爽、最舒适，男人所能得到的最好的剃须刀。

在文化信息的处理上，"合而不同"正符合中国生态思想中"和合""和实生物，同则不继"的思想。这种译文的处理方式，体现了生态视域下翻译策略的开放性和圆融性。译文既保留了原文的异质元素，又提高了目标语读者的可接受度。在吉利剃须刀的广告中，译者将"to give your individual face a personalized shave"翻译成"给您的脸部提供了最具个性化的剃须刀"。用"个性"二字来翻译"individual"，不仅保留了英语文化中的异质化的重要元素，还结合了产品的特性和消费者的期待。可见，译者在翻译上则广告语的过程中，充分考虑了文化维度的因素，并结合产品特征、消费者心理等因素，进行了适应性的调整，最终使译文在目标语文化下达到"合而不同"的效果，既体现了源语文化的要素，又能在目标语文化中体现出一种和谐性。

3. 交际维度

从交际维度来看，一般商业广告文本重在宣传某种产品的特点，吸引顾客，从而引发顾客的消费行动。换句话说，广告文本具有很强的信息性和鼓动性。

例如，麦斯威尔咖啡的广告语"Good to the last drop."，其旨在突出这个品牌的咖啡味道非常好，即使是最后一滴也值得品尝。译者在翻译时，采用了汉语常用的四字格，译成了"滴滴香浓，意犹未尽"。在原文意思的基础上，又增加了"意犹未尽"，营造了咖啡好喝的意境。这归功于译者对广告语言和意境的整体性把握，使两者在中文译文中体现了整体的统一性，从而让读者印象深刻，激起顾客购买的欲望。

再如，"OUCH！Not You！"这则拍卖广告是为了向读者表明在这次拍卖中，卖方几乎无利可图，甚至可能血本无归，这是买家的好机会。语气词"OUCH"生动而传神，与动词"hurt"相呼应。这句话可译成"忍痛拍卖！（价格）让我心痛……让你心动！"。译文用"忍痛拍卖"将语气词"OUCH"中的意味恰如其分地概括了出来，能更明确地提示读者广告语的所指。此外，后面的部分"让我心痛……让你心动！"从语言形式看非常整齐，利于排版，适合视觉传播；从读音看，"痛"和"动"两字是押韵的，读来简短有力，朗朗上口，适合听觉传播。在这个广告的翻译过程中，可以发现译者在重点关注广告交际功能的同时，充分考虑到文本以外的因素，如广告的传播渠道、广告的传播效果和阅读者或听众在接触广告时的状态，同时兼顾广告文本的语义、语音、语言形式，最终使译文的多维度实现高度整合。

总之，广告文本是一种非常特殊的语言，广告文本的翻译不仅需要考虑文本的上下文（context），还需要考虑文本以外的种种因素，如文化因素、社会因素等。而在广告翻译中运用生态学的视角，将广告部翻译从语言、文化、交际维度进行适应性调整，给广告翻译带来了新的启示。

二、商标翻译

商标就是商品的标记或记号，有的由文字单独构成，有的由图形单独构成，有的由图形和文字组合构成。在国际化趋势下，好的商标能够帮助产品更加有效地占有国外市场。国内已有学者对商标翻译的问题进行了一系列的研究。在语言特点方面，朱凡指出商标除一般语言符号意义外，还有显著性、专用性、联想性。①在翻译技巧层面，陈振东将商标翻译方法总结为意译、音意合译、形译、缩写等②；彭石玉就翻译策略提出"商标翻译需要一种既可存留个体特点，又可形成整体文化优势的翻译转化策略"③。商标翻译涉及语言、地域文化、消费心理和审美价值等诸多因素，学者从不同的角度（如功能理论、对等理论、符号学、经济语言学、接受美学等）进行了研究。

目前国内商标翻译研究较为成熟，但范例老化、缺乏深层次及多角度的探讨，而生态翻译正好为商标的翻译提供了非常实用的理论和实践指导。接下来，笔者将利用生态翻译理论对商标的翻译实践进行阐述。

（一）立体：商标翻译的文化、交际维度

商标翻译是一项立体化的工作，涉及商标翻译中的音、形、义、交际、文化各个层面，同时需要考虑目标语市场下的文化、历史和习俗。商标翻译不仅是语言转换的过程，还是商务英语翻译生态中各种因素相互联系、相互制约、相互作用的结果。

1. 文化维度

商标翻译中不乏一些文化负载词（culture-loaded words），在翻译这些词汇的时候，译者必须具有一定的文化意识和调研精神。首先，译者必须熟知源语和目的语两种文化，对其文化差异有充分的认识。例如，国内一些产品喜欢用"金鸡"作为商标，如金鸡鞋油、金鸡闹钟等，其中金鸡最初的译文是"gold cock"。而在英语文化中，"cock"一词可以指人身体中的某个器官，不适合用于商标翻译，因此建议改译为"gold

---

① 朱凡. 英汉商标词翻译研究述评(1994—2001)[J]. 上海科技翻译，2002（4）：22-26.
② 陈振东. 浅论英语商标翻译 [J]. 上海翻译，2005（2）：52-54.
③ 彭石玉. 英语商标词的文化翻译观 [J]. 云梦学刊，2000（5）：91-92.

rooster"。此外,白象原译文为"white elephant",但是在英语文化中曾经有关于"white elephant"的负面故事。故事讲的是很久以前有人为了讨好国王,特地送给国王一只白象,可是白象不但没什么用处,每天还需要吃大量的东西。慢慢地,"white elephant"被用来指大而无用的东西。因此,这个词用在商标的翻译中是不合适的,消费者肯定不希望自己买的东西和白象一样大而无用,建议译为"elephant"。

商标翻译不乏优秀翻译案例,译者在翻译这些商标的时候充分关照了两种语言中的文化因素。例如,著名国际品牌"Coca Cola"的翻译,译者立足中国市场的特点,迎合消费者喜欢喜庆的心理,将原文译成"可口可乐"。同样,饮料"Seven-up"如果直接按照字面进行翻译,就不能把蕴含在数字"七"中的文化因素翻译出来。"七"在英语文化中是一个幸运的数字,译者在翻译时选取了中国文化中相应的字"喜"来表述,这样既迎合了中国消费者喜欢喜庆吉利的特点,又能够将原文的意思有效传达出来。又如,中国本土的运动品牌"红双喜","红色"在英语文化中表示愤怒与血腥,如果按照原文进行翻译,很可能无法引起读者的购买兴趣。译者根据具体情况在翻译时做了减译的处理,最后译成"Double Happiness"。这种减译的处理没有减少原文的文化意义,而且使译文更加简洁明了,方便读者记忆和朗读。

2. 交际维度

从交际维度来看,商标的基本交际功能是区别同类商品,向顾客提供公司和产品的相关信息。商标翻译交际维度的功能与广告翻译极其相似,能够起到呼唤作用,引起消费者的消费行动。在商标的翻译中,交际维度的功能是非常重要的,因此译者在翻译过程中,应该采用有效的策略,在保证交际维度功能优先的同时,兼顾语言维度和文化维度的因素。例如,韩国餐具品牌"Lock & Lock"的产品特征就在于能够锁紧容器口,食物不容易流出,这也是产品吸引顾客之处。译者翻译时为了突出产品的优点和特点,特地选择了"扣"这个字,表现容器容易锁紧的特点。此外,"乐扣"在发音上也与原文相近,取得了很好的交际效果。通过这种方式,译者很好地将产品的优点译出,从而激发购买者的购买行为。

(二)圆融:商标翻译的跨学科性

商标翻译是一项需要关注多个交叉学科、力求圆融的翻译工作。"圆融"一词,最早是佛教用语,此处借用这个词,旨在破除偏见、解放思想,力求相关学科之间实现圆满融通,达到商标翻译的效果最大化,实现商标翻译生态中的融合。

商标是一种特殊的语言符号,是商品显著特征的浓缩,是商品文化的核心部分,是企业参与国际竞争的有力武器。它既是标识,又是诱饵,最终是要招揽顾客,出售商品。因此,商标翻译既要符合设计学的审美标准,也要和法律政策、营销学息息相关。好的商标翻译可以给企业带来巨大的财富,反之,则会让企业损失惨重,所以企业的生死存亡与商标翻译息息相关。

1. 设计学

众所周知,商标中英文译名常常是伴随包装和图形出现的。消费者在仔细阅读商标之前捕捉到的是由品牌和包装共同呈现的整体。在翻译时非常专业地考虑到排版和设计,对译者来说是比较困难的。在翻译过程中,译者应与设计方保持沟通。最理想的情况是,译者能提高自己的综合素养,成为具有一定翻译能力和设计品鉴能力的综合型人才。例如,上海家化旗下的日化品牌"美加净"的原译文为"MAXIM",后来译文改为"MAXAM",新的译文从设计的角度来看,体现出一种均衡、对称的美,与整体包装也很和谐,体现了译者对整体翻译生态的跨学科的适应。

2. 法律政策

法律因素和政策因素是译者在商标翻译中需要考虑的因素。在美国,美国专利及商标局(PTO)负责联邦政府的商标注册。收到注册申请后,该机构会对申请注册的商标进行审核，审查其是否与他人先前取得的合法权利相冲突。在我国，虽然没有专门的商标审查机构，但商标注册也要符合"申请注册的标志不得与他人先前取得的合法权利相冲突"的审查标准。可见，无论是商标的中译英还是英译中，都受到目标市场国家相关法律法规的制约。因此，译者在翻译时，可以参考工商机构的相关信息，查询商标是否重复。如果不把法律政策考虑在内、不考虑商标是否重复，译者将商标译得再完美也很难出现在市场上。

3. 营销学

商标的翻译与营销行为紧密联系，人们应注意从营销学的角度观察商标翻译的现象。一些商标的历史变更证明，能从营销学角度考虑商标翻译问题的译文，常常能在翻译生态中"适者生存"。例如，在1992年以前，BMW没有译为"宝马"，而是根据德语"Bayerische Motoren Werke"的读音直接翻译成"巴依尔"。1992年以后，BMW的商标译名从"巴依尔"改成了"宝马"，这个品牌立即受到了中国消费者的广泛关注，销售量也大幅度地提升。选用"宝马"二字非常符合中国市场的文化背景和消费者心理，唐代诗人韦应物的《长安道》中有"宝马横来下建章，香车却转避驰道"一句，"宝马香车"也是大众熟知的成语。译者将BMW商标名改为"宝马"，真可谓神来之笔。第一，译者结合宝马车的定位和特色，突出了宝马车系高贵豪华的风格气质；第二，译者考虑到目标语读者的文化历史语境，与中国的传统称谓浑然一体；第三，译者兼顾了原文的语音和形式，译文形式与原文一样简洁，"宝马"二字拼音的首字母又正好同BMW的前两个字母一样。最重要的是，从营销学的角度来看，译名非常符合消费者的口味。更名之后，宝马品牌在中国市场的消费者接受度大大提高，此译名一直沿用至今。

译文的变更，一方面从商标的角度验证了生态翻译理论的适应性对于译文来说十分重要，另一方面也为译者带来了启示：译者作为翻译生态中的主体因素，必须发挥主观能动性，根据翻译生态中两种不同语言所具有的历史、文化、社会、消费者心理等因素，对译文进行适应性调整，这样才能译出符合消费者心理、适应时代和整体翻译生态的译文，从而产生较好的经济效益。

此外，如果译者主要生活在源语环境下，那么在翻译商标时势必产生一些自身无法估计或者把握的情况，借用营销学的做法开展切实的市场调研和消费者调研是译者进行"事先预防"的极好方法。例如，吕和发等人在《全球化商务翻译》一书中对市场调研进行了详细的阐述。在全球化背景下，更加强调国际品牌的本土化过程。这意味着，译者不仅要确保语言的准确性，还要确保商标在目标市场的文化、社会和经济背景下具有相关性和吸引力。这就需要译者进行深入的市场调研，了解目标市场的消费者需求、文化习惯和市场趋势。为了确保翻译的准确性和市场接受度，商务翻译研究的实证方法成为了译者的重要工具。这些方法可以帮助译者更好地了解目标市场的实际情况，从而进行更为精确的翻译。通过调研，译者可以了解目标市场的消费者对品牌的认知、购买习惯和消费观念，从而进行更为合适的翻译。此外，商务翻译调研还可以分为不同的类别，包括品牌调研、市场趋势调研、消费者行为调研等。每种调研都有其特定的目的和方法，译者需要根据实际需求选择合适的调研类别。

进行商务翻译调研时，译者需要遵循一定的实施步骤。首先，译者需要明确调研的目的和目标，然后选择合适的调研方法和工具。在收集数据时，译者可以通过不同的信息搜集渠道与方式获取所需的数据，如问卷调查、深度访谈、网络搜集等。收集到的数据需要进行整理与分析，以确保翻译的准确性和市场接受度。最后，译者需要根据调研结果撰写调查报告，总结调研的主要发现和建议，为商标翻译提供有力的支持。

第五章　生态翻译学在文学翻译中的实践

第一节　文学翻译的理论思考

一、文学翻译的内涵解读

文学翻译历史悠久,在中国最早可追溯到公元前1世纪刘向《说苑》里记载的《越人歌》,在西方最早可追溯到公元前大约250年罗马人里维乌斯·安德罗尼柯用拉丁文翻译的荷马史诗《奥德赛》。自有文学翻译以来,人们从未停止对其进行思考和探索。对于文学翻译的内涵研究,不同学者由于研究目的的不同,从不同角度对文学翻译提出了诸多思考和探讨,也得出了种种结论。这对人们更为深远而充分地认识文学翻译的内涵与本质是大有裨益的。

(一)文学及文学翻译的界定

文学是语言的艺术,而翻译的核心是语言,所以文学与文学翻译有着千丝万缕的关系。

1. 文学含义

古今中外,仁者见仁,智者见智。"文学即语言"这一命题是基于海德格尔的观点"语言是存在的家,人就居住在这个家中"提出的,当然也只能从这个角度去解读。以下是三种文学的定义。第一,文学是"用文字写下的作品的总称。常指凭作者的想象写成的诗和散文,可以按作者的意图以及写作的完美程度而识别。文学有各种不同的分类法,可按语言和国别分,亦可按历史时期、体裁和题材分"。第二,文学是显现在话语蕴藉中的审美意识形态。第三,文学是一种语言艺术,它以语言或其他的书面符号——文字为媒介来构成作用于读者想象中的形象和情绪状态,从而产生审美共鸣。另外,批评家与文学家的观点也不尽相同:

韦勒克和沃伦认为,"文学是创造性的,是一种艺术"①;高尔基在《俄国文学史》序言里提出了"文学是人学"的命题,他断言,"文学是社会的阶级和集团意识形态——情感、意见、企图和希望之形象的表现"。

其实,从文学活动的基本要素来分析,也能显而易见地看出文学与人的密切关系。文学创作的主体是人,如果没有这个主体,便没有文学创作。

文学创作的客体是社会生活。什么是社会生活?社会生活就是人在经济和上层建筑各领域中结成的现实关系和全部活动的总和,也就是人在一定的现实关系中物质生活和精神生活的总和。由此看来,没有人,就没有社会生活;离开了社会生活这个客体,也就没有文学创作。文学活动不只是作者的创作活动,它还应包括文学读者的阅读鉴赏活动。作品与读者的关系不能等同于作者与读者的关系,人们不能简单地将文学阅读过程视为作者在向读者叙说。其实,阅读的过程就是读者与作者的对话交流过程。精神产品这个既是具体的又是想象出来的对象,只有在作者和读者的联合努力下才能制造出来。只有为了他人,才有艺术;只有通过他人,才有艺术。显然,文学价值的真正实现必须有赖作者、读者两者的交流、联合、相互作用。

总之,"文学是人学"的命题从各种不同的角度都能得到证实。

2. 文学的基本属性

(1)虚构性。读者常见文学作品中的人物飞上天空,穿越时空,返老还童,长生不老,想出常人想不到之策,做到常人难以做到之事。例如,《西游记》中的孙悟空,变幻万千,无所不能;蒲松龄笔下的鬼女狐仙,神出鬼没,无影无踪;奥地利作家卡夫卡小说《变形记》中的主人公格里高尔甚至能变成甲壳虫。这些在科幻类小说中是司空见惯的事情。然而,在以史实为基本素材的历史小说中也不乏虚构的情节。比较《三

---

① 韦勒克,沃伦.文学理论[M].刘象愚,邢培明,陈圣生,等译.南京:江苏教育出版社,2005:87.

国演义》与《三国志》便可发现,虽然前者取材于历史事实,但作者对三国混战的描写并非历史的如实陈述,而是主观化的艺术创造,其中不乏虚构与想象。现代历史剧《蔡文姬》的作者郭沫若曾公开申明,"蔡文姬就是我!——是照着我写的"。文学是现实生活的一面镜子,它虽然可以反映现实生活,但不是对现实生活的照抄照搬。基于对现实世界的认知与感悟,作家可对现实生活进行选择、提炼,通过现实与虚构使之升华为文学作品。因此可以说,虚构是作家、艺术家对其主观性的把握,是其主体性的具体体现。

(2)真实性。真实与虚构是文学的一对看似矛盾实则不可或缺的属性。人们常说,作家、艺术家需要深入人民群众,体验生活。为何体验生活?当然是为了获得真实感受。真情源于体验,没有真情便不会有真正的文学。古今中外的文学家、艺术家都把真实性视为艺术的生命。当然,就文学创作而言,这里说的真实指的是艺术的真实,不是对现实生活中自然主义的描述,而是对现实的反映。战场上的千军万马,展现在舞台上也许只有六七个人,地域时空上的万水千山、日月经年,银屏上出现的仅是些许镜头;影剧院常用的楹联是"三五人千军万马,六七步四海九州""能文能武能鬼神,可家可国可天下",这便是艺术真实。艺术真实具有一定的假设性,它以假定的艺术情境反映和表现社会生活。即便报告文学也是作家透过生活的表层对社会的内涵进行概括、提炼、升华的结果。文学创作的真实性是对现实生活的超越与升华,作家只有深入体验社会生活,细细品味其内在的韵味,才能提炼出其精髓。

(3)互文性。这里讲的互文性并非汉语中的互文修辞手法,而是指两个或多个文本之间的相互关系,即文本间性。学者对互文性的解读与定义大致相同,如曼戈诺在《话语分析方法入门》中将互文性定义为"一个文本的内部所表现出的与其他文本的关系的总和"。因此可以认定,互文性包含了某一文学作品对其他文本的引用、参考、暗示、抄袭等关系,以及所谓超文本的戏拟和仿作等手法。进一步来讲,互文关系包含了对于特定意识形态即文学传统的继承和回忆，以及对于文本作为素材所进行的改变与转换方式。

（4）模糊性。法国思想家伏尔泰认为，世界上不存在能够表达人们所有观念和所有感觉的完美的语言，模糊是自然语言的本质特征。刘再复在1984年第6期《中国社会科学》上发表的《论人物性格的模糊性与明确性》一文中指出，"文学与科学的一个根本区别恰恰在于，科学是依靠数字概念语言来描述的。这种概念特征使科学带有极大的准确性和明确性，而文学是通过审美的语言，即形象、情感、情节等来描述的。这便形成文学的模糊性。这种模糊性在典型性格世界中表现得特别明显，可以说，模糊是艺术形象的本质特点之一，也是人物形象的本质特点之一"。语言是文学的载体，而模糊是文学的基本属性。在模糊定义界定方面，众多学者提出了自己的观点。例如，美国哲学家、数学家兼文学家皮尔斯1902年对模糊所下的定义是"当事物出现几种可能状态时，尽管说话者对这些状态进行了仔细的思考，实际上仍不能确定，是把这些状态排除出某个命题还是归属于这个命题。这时候，这个命题就是模糊的"。笔者认为，皮尔斯的这一定义与文学模糊的基本特征相一致。尽管学者关于模糊的定义见仁见智，但模糊的以下三点特征是可以肯定的。

首先是不确定性（indeterminacy）。不确定性可以表现在语义、句法、形象、语用等方面。例如，"青年"一词就具有语义不确定性。《现代汉语词典》对"静"的定义是"人十五六岁到三十岁左右的阶段"。该定义本身就用了"十五六岁"和"三十岁左右"两个意义不确定的词语，而在实际生活中，"青年"一词的不确定性更大，如高等学校的青年教师通常指45岁以下者；而共青团员的退团年龄是28岁。"一本黄色的书"究竟指该书是"with a yellow front cover and a back cover"，还是"a telephone dictionary"？即便有一定的语境，其语义仍具有不确定性。汉语中许多时间概念词都具有语义不确定性，如早晨、上午、下午、傍晚、夜晚、凌晨等。表示判断性的形容词，如强、弱、胖、瘦、厚、薄、高、

第五章 生态翻译学在文学翻译中的实践

矮、大、小等也具有很大的语义不确定性。

其次是相对性（relativity）。模糊的相对性可因地而异，因时而异，因文化习俗而异，因主观好恶而异。例如，"高楼"一词的语义模糊性就因地而异，在纽约，40层楼以上才算高楼，而在华盛顿，10层以上即算高楼。"老年"一词在非洲、欧洲和北美洲的内涵是不相同的。东、西方人在文化传统和价值观上的差异体现在审美观上。以世界小姐（Miss World）为例，各国的佳丽汇聚一堂角逐世界小姐，甲国的美女之冠在乙国人看来可能算不上美，甚至觉得很丑，即便是世界小姐也不会被各国人民都认可。就传统而言，东方人尤其是中国人认可的美女应拥有白皙的皮肤、鸭蛋脸、杏仁眼、樱桃小口，而西方人认可的美女是大嘴、性感加上棕色的肤色，可见美女亦是相对而言的。比如，臭豆腐虽臭，但许多人却吃得津津有味，完全是主观好恶和生活习惯使然。

最后是精确向模糊转变。有些词语（尤其是数量词），就其概念意义而言，语义是精确的，而在实际运用，中尤其是出现在文学作品中，其语义由精确转为模糊，其自身也由确数变为概数。这种现象在英汉两种语言中都很常见。

笔者认为，文学模糊按其属性与功能可分为语义模糊、意象模糊、句法模糊、语用模糊和主题模糊五种类型。

第一，语义模糊。语义模糊是指词语的语义具有不确定性，除上述数量词和表示判断性的形容词之外，英汉两种语言中尚有许多语义模糊的词语，如表示颜色的词语、表示感官的词语、称谓词以及其他词语等。彩虹由红、橙、黄、绿、蓝、靛、紫七种颜色组成，但红与紫、橙、黄与绿、靛与蓝之间的界线谁又分得清呢？各种颜色边缘的重叠度体现了颜色词的模糊性。例如，"red"一词在语义学上被称为上义词，可因其边缘与其他颜色重叠的不同程度而产生许多下义词，如 pink（粉红）、vermilion（朱红）、crimson（深红）、ruby（宝石红）、mahogany（褐红）等。如果说某人因发怒而脸色通红，即便有特定的语境，谁又能说得清红到何种程度呢？汉语中的"主任""院长""会长"究竟是何级别？英语中的 uncle、aunt、brother-in-law 等词究竟所指何人？department 究竟是指"部""司""处"还是指"科"？即便有特定的上下文，译者也需格外小心，汉译英时很好处理，不管是指叔叔、伯伯、姑父还是指姨父，均可译成 uncle，但英译汉时就必须分出子丑寅卯，因为在汉语中称谓的运用向来是含糊不得的。

　　第二，意象模糊。汉语中"意象"的概念源于汉代王充《论衡·卷十六·乱龙篇》中的"夫画布为熊麋之象，名布为侯，礼贵意象，示义取名也"一句。这里的"意象"是指以"熊麋之象"来象征某侯爵威严且具有象征意义的画面形象，从它"示义取名"的目的看，已是严格意义上的观念意象。"意象"一词在古代是指用来表达某种抽象的观念和哲理的艺术形象。而文学艺术追求的是那种最能体现作家、艺术家审美理想的高级意象，这种意象主要分为心理意象、内心意象、泛化意象和观念意象四种。用带模糊性的艺术形象（符号）表现无限的社会生活内容，恰恰是艺术最根本的特点。为方便起见，笔者将意象模糊分为人物意象模糊和景物意象模糊。以下着重介绍景物意象模糊。

　　景物意象模糊在中外文学作品中比比皆是。《红楼梦》中的大观园在读者的心目中只是奇花异草、佳木葱茏、楼台亭榭、曲径通幽的好去处，谁也说不上来其中佳木多少株、花草多少种、楼台多少座、曲径多少条；电视剧《红楼梦》中的怡红院、潇湘馆、蘅芜苑、稻香村等宅第的建筑模式也只是导演和编剧想象的结果，换一位导演和编剧，说不定又是另一番景象。

　　马致远在《天净沙·秋思》中一连串列出了十几种景物意象。其中"枯藤"为何种植物之藤，又有几根？"老树"是何种树，树龄多少年？"昏鸦"是几只？"小桥"是石桥还是木板桥？"人家"又有几户？"西风"为几级？"瘦马"是何种颜色，又瘦到何等程度？"天涯"在何方？这些全是模糊意象。但该作品并未因其模糊而逊色，恰恰是其意象模糊

第五章 生态翻译学在文学翻译中的实践

使之成为千古佳作。

第三，句法模糊。句法模糊现象在汉语中常见，而在英语中却不多见。这是英汉两种语言句法结构差异所致。英语是形合结构，句子、短语间通常有连接词表示相互间的组合或修饰关系；汉语是意合结构，句子、短语间的组合具有很大的灵活性和自由度，连接词的运用较之英语要少得多。因此，汉语中"鸡声茅店月，人迹板桥霜"之类无连接词的意象排列句并不罕见，且往往被视为名言佳句。马致远的《天净沙·秋思》全曲仅26字，却排列出12种意象，其中仅在最后2种意象"断肠人"与"天涯"之间出现了一个"在"字。"枯藤"与"老树"是何种关系，藤条是绕于树干，还是悬于树枝？"老树"与"昏鸦"是何种关系，乌鸦是栖息树上，还是绕树飞翔？"小桥流水"与"人家"又是什么关系？这一切作者都没有交代，从原文文本的结构也看不出来。对读者来说，意象间的关系是一种模糊的、不确定的开放性关系。正是这种开放性的结构，使读者得以展开想象的双翼在模糊的空间里自由翱翔。

第四，语用模糊。人类的交际活动离不开特定的时空环境。语用学研究的就是话语在特定情境下的语义。然而，在实际生活中，有时即便有特定的话语环境，话语意义依然难以确定，这便会导致语用模糊。语用模糊有时是言者故意为之，有时是无意为之。例如，人们在旅游景点常会遇到轿夫与乘轿人因乘轿费而争吵的情况。轿夫说乘轿上山每人80元，等到上山后轿夫向乘轿人要160元，因为他说的"每人"指的是抬轿的轿夫，每坐轿子有两个轿夫，当然要付160元；而乘轿人以为"每人"是指乘客自己。这种语用模糊当然是言者故意为之。

在文学作品中，语用模糊是常用的手法之一，其目的是给读者留下想象空间，从而激活读者的审美想象。在鲁迅的作品中，几乎每篇都用到语用模糊，其突出表现形式是省略号的使用。据笔者的粗略统计，仅在《阿Q正传》一部小说中省略号就出现了上百次。这种欲言还休的表现手法能够起到言不尽意的作用。

105

第五，主题模糊。大凡文学艺术作品总是要表现其中心思想，即作品的主题。主题明断的作品不胜枚举，但命意不确定的作品对读者却更具吸引力。马致远在《天净沙·秋思》中所思何人？是故人、亲友、恋人，还是妻儿、父母？经历过与家人骨肉分离之苦的读者认为《天净沙·秋思》的主题与自己的经历相同；终日思念故友的读者认为《天净沙·秋思》的主题与自己的苦衷相似；天各一方、度日如年的恋人也许会认为马致远描写的就是自己的相思之苦。具有各种经历的读者都能在鉴赏《天净沙·秋思》的过程中产生共鸣。这便是命意不确定性，即主题模糊的意义所在。

文学模糊的审美价值在于其不确定性使文本信息呈现开放性的结构，虽经过历代读者的历时性解读，但仍难以穷尽其中的内涵。这是因为文本中超前的审美创造对读者构成强有力的召唤结构（appealing structure），为读者的历时性解读留下了无限的想象空间，从而激活读者的审美想象。

（5）审美性。在讨论文学的审美属性之前，有必要讨论"什么是美"的问题。美是什么？东、西方美学家见仁见智，既有共同点，也有相异处。我国古代哲学家庄子在《庄子·山木篇》中说："逆旅人有妾二人，其一人美，其一人恶。恶者贵而美者贱。阳子问其故，逆旅小子对曰：其美者自美，吾不知其美也；其恶者自恶，吾不知其恶也。"英国哲学家休谟认为，"美只存在于鉴赏者的心里，不同的人会看到不同的美"[①]。法国启蒙思想家伏尔泰在《伦美》中说："如果你问一个雄癞蛤蟆，美是什么？它会回答说，美就是它的雌癞蛤蟆，两只大圆眼睛从小脑袋里凸出来，颈项宽大而平滑，黄肚皮，褐色脊背。"三位哲人的共同认知是"情人眼里出西施"。尽管其带有个人爱好和主观倾向性，但美属于人类精神层面的认知感受与体验。这一点是三者，也是大多数人的共识。美不

---

① 休谟. 人类理解研究 [M]. 关文运，译. 北京：商务印书馆，1972：86.

第五章 生态翻译学在文学翻译中的实践

单纯取决于物的自然属性，而取决于其自然属性与社会属性的融合，取决于两者的关系适应人类社会生活需要的程度与性质。不论是自然美、社会美，还是艺术美，都是审美者认知体验与感受的结果。

综上所述，美的存在与人的关系密不可分，因为认知体验与感受的主体是人，即审美者，没有审美者也就无所谓美。审美者通过观察、认知、体验，从而获得愉悦与快感。这与文学的作用与功能相一致。文学作品成功地发挥作用时，便会愉悦读者，使其产生快感。但文学给人的快感，并非从一系列可能使人感到快意的事物中随意选择出来的一种，而是一种高级的快感，是从一种高级活动即无所需求的沉思默想中取得的快感。由此可见，文学作品是一种审美对象，它能激起审美经验，这是由其审美属性决定的。

3. 文学翻译的界定

文学翻译即对文学作品的翻译。然而，人们在使用"文学翻译"这个术语时，很少注意到这个词的双重含义：它既可以指文学翻译作品，也可以指文学翻译的行为。如果人们进一步探究，会发现其并非那么简单：什么是文学？什么是翻译？文学翻译与非文学翻译有何区别？文学翻译的本质是什么？对这些基本问题，人们未必能给出令人信服的答案。因此，有必要对文学翻译的概念进行简要的梳理。关于"文学"（literature）一词的概念，古今中外都存在广义和狭义之分。

广义的文学是指所有的口头或书面作品。狭义的文学指的是现代通行的文学，即包含情感、虚构和想象等综合因素的语言艺术行为和作品，如诗歌、小说、戏剧、散文等。然而，还有一些难以归类的，习惯上被视为文学作品，如传记、纪录文学、儿童文学等。这些文学作品一般被称为"习惯文学"。一般而言，文学翻译是指对诗歌、散文、小说、戏剧、杂文、传记、儿童文学等文学作品的翻译。

文学是语言的艺术，而翻译的核心是语言。因此，语言的运用不仅是文学区别于非文学的首要特征，还是文学翻译关注的首要问题。那么，文学语言究竟有什么特征呢？波洛克在《文学的性质》一书中对文学语言、科学语言和日常语言进行了比较全面的区分。文学语言有很多歧义：①每一种在历史过程中形成的语言，都拥有大量同音异义字（词）以及诸如语法、词性等专断的、不合理的分类，并且充斥着历史上的事件、记忆和联想；②文学语言远非仅仅用来指称或说明，它还有表现情意的一面；③文学语言强调文字符号本身的意义，强调语词的声音象征，如格律、头韵和声音模式等；④文学语言对于语言资源的发掘和利用更加用心和更加系统，具有一贯和透彻的"个性"；⑤文学语言一般不以实用性为目的，而是指向审美的；⑥文学（语言）处理的大都是一个虚构的世界、想象的世界。

根据上面这段论述，笔者概括总结了文学和文学语言的特点，具体内容如下：文学作品的内容是虚构的、想象的；其目的是审美；文学注重的不是语言的意义，而是语言本身，用其表达人类丰富的情感；文学语言具有丰富的内涵，与该语言所特有的历史文化有着密切的关系，形式上丰富多彩，具有创意性，语言独特，具有节奏和韵律。简之，文学的想象性、审美性、创造性、抒情性是它与非文学（科学语言和日常语言）的显著区别。当然，人们也必须明白，艺术与非艺术、文学与非文学的语言用法之间的区别是流动性的，没有绝对的界限。此外，不同文学体裁在上述性质上的表现程度也不尽相同。例如，小说对语言形式（音韵、格律等）的关注就不如诗歌和散文，而后两者对语言描写的内容（人物、情节、环境等）的重视程度就不如小说。

总之，从语言所具有的特征方面来讲，文学翻译作品的语言应该具有想象性、审美性、创造性和抒情性。从内容上讲，文学翻译是对文学作品的语言形式、艺术手法、情节内容、形象意境等的再现。

上面从三个不同侧面对"文学翻译"进行了界定，在一定程度上厘清了文学翻译和非文学翻译的关系。然而，上述定义却无法回答文学翻译行为本身的性质问题：文学翻译是对原作的临摹还是创作？是一门语言转换的技巧还是货真价实的艺术？文学翻译是否具有不同于文学创作的性质？对这些问题的回答，关乎人们如何看待文学翻译的本质、地位、价值、标准、方法和评价。

（二）文学翻译行为的性质

翻译是人类的一种认知活动，在强调认知、概念、意义、推理、理解等具有体验性的同时，也强调了人在翻译过程中创造性的灵感和艺术性想象力的主体作用。

1. 文学翻译的创造性

文学翻译与文学创作最大的区别在于：文学翻译中不可避免地存在一个原作。因此，人们很自然地认为文学翻译就是对原作的临摹或模仿（imitation）。那么，文学翻译的"创造性"（creativity）又从何谈起呢？从公元前4世纪到20世纪90年代，2 000多年的翻译实践和理论常常在模仿和创造这两者之间摇摆不定。关于文学翻译的模仿性，人们常常看到以下这样的论述。

18世纪英国翻译理论家泰特勒认为："好的翻译要求原作的长处完全移注在另一种语文里，使得译作文字所属国家的人能明白地领悟，强烈地感受，正像用原作的语文的人们所领悟的、所感受的一样。"①

清末学者马建忠曾说："夫如是，则一书到手，经营反复，确知其意旨，而又摹写其神情，仿佛其语气，然后心悟神解，振笔而书，译成之文，适如其所译而止……使阅者所得之益，与观原文无异。"② 文学翻译的模仿说是以原作为中心的，翻译家的任务就是在译入语中写原作，其最高标准就是忠于原作。这样，文学翻译理所当然地被认为是衍生的、次要的。因此，翻译史上存在大量轻视或贬低文学翻译的比喻，如将文学翻译视为"驿马"（普希金）、"媒婆"（歌德）、"不忠的美人"等。然

---

① 泰特勒. 论翻译的原则 [M]. 北京：外语教学与研究出版社，2007：37.
② 马建忠. 马氏文通 [M]. 北京：商务印书馆，1983：106.

而，在中西翻译史上，将文学翻译视为创作的翻译家和理论家不胜枚举。例如，古罗马修辞学家西塞罗就明确提出"翻译是一种创作，不但要与原作相媲美，而且要尽可能在表达的艺术性方面超过原作"。在他看来，翻译的主要目的不是"诠释"或"模仿"，而是与原文竞争。西塞罗说，"我不是作为解释员而是作为演说家来进行翻译的……"[①]与西塞罗同时代的昆体良在《雄辩术原理》中说："我所说的翻译，并不仅仅指意译，还指在表达同一意思上与原作搏斗、竞争。"这种挣脱甚至超越原作的创造说在现当代译论中也不乏拥趸。

诗歌翻译家许渊冲提出："文学翻译是两种语言，甚至是两种文化之间的竞赛，看哪种文字能更好地表达原作的内容。文学翻译的低标准是求似或求真，高标准是求美。译者应尽可能发挥译语优势，创造性的翻译应该等于原作者用译语进行的创作。"[②]

文学翻译的创作说将注意力转移到译作和译入语上，不再以忠实于原文为唯一标准，而更强调发挥译入语的优势，在原作的基础上进行再创作。创作说提高了译者的地位，提升了译作的价值。译作可以超过原文，甚至赋予原文"来世"生命。此外，值得注意的是，创作说并未否定原作或原文的存在，"译者的审美与创造活动是以原作作为依托的，译者发挥创造的艺术空间是有限的。文学翻译在审美创造上的局限性，也是它的本质特征之一"。因此，文学翻译中的创造是一种有局限性的创造。正如英国诗人德莱顿所比喻的那样，文学翻译是"戴着镣铐的舞蹈"。

2. 文学翻译的艺术

纵观2 000多年的翻译史，文学翻译的问题就是语言转换的问题。例如，唐代贾公彦在《义疏》中给出了翻译的定义，即"译即易，谓换易言语使相解也"。也就是说，翻译是把一种语言文字的意义用另一种

[①] 西塞罗. 西塞罗全集[M]. 上海：上海三联书店，2022：113.

[②] 许渊冲. 许渊冲百岁自述[M]. 北京：华文出版社，2021：85.

语言文字表达出来。20世纪50年代以来的翻译学语言学派也将翻译视为用一种语言形式代替另一种语言形式，或将一种语言形式转换成另一种语言形式的过程，其核心内容是"对等"（equivalence）。例如以下定义。

巴尔胡达罗夫如此定义翻译："翻译是将一种语言的言语产物（话语）在保持内容，即意义不变的情况下改变为另外一种语言的言语产物的过程。"[1]

卡特福德认为："翻译是将一种语言（即源语）写成的文本材料替换成另一种语言（即译入语）写成的对等的文本材料。"[2]

尤金·A.奈达对翻译的定义广为人知，"翻译就是在译入语中找到与源语信息最切近的自然对等物，首先是就意义而言，其次是就文体而言。"[3]

纽马克认为："翻译是一种技巧，它试图把用一种语言写成的书面信息和（或）陈述替换为用另一种语言写成的相同的信息和（或）陈述。"[4]

在这种观念下，（文学）翻译就是一种语言转换的技巧。译者只要熟练掌握另一种语言的对等表达，用对等的语言符号替换原作的符号即可。因此，传统翻译学通常轻视翻译理论的价值，重视具体的字、词、句转换技巧。语言学翻译理论则热衷于制定语言转换的各种规则。翻译与创作相比，地位较为低下。文学翻译家往往被贬低为"翻译匠"。尽管传统翻译学有时也把翻译称作"艺术"，但翻译的艺术与有原创性的文学艺术有着很大区别。在此，翻译的"艺术"是广义的艺术，即"一种高超的技能"。

---

[1] 巴尔胡达罗夫.语言与翻译[M].蔡毅，虞杰，段京华，编译.北京：中国对外翻译出版公司，1985：94.

[2] 卡特福德.翻译的语言学理论[M].穆雷，译.北京：旅游教育出版社，1991：48.

[3] 奈达.语言文化与翻译[M].严久生，译.呼和浩特：内蒙古大学出版社，1998：116.

[4] 纽马克.翻译问题探讨[M].上海：上海外语教育出版社，2001：143.

无可否认，语言转换是文学翻译不可回避的一个层面，但其是不是文学翻译的唯一层面呢？当然不是。20世纪70年代以来，人们对（文学）翻译有了更深入的认识。首先，从语言本质上看，文学翻译是一种有想象力、审美功能和高度创造性的文学语言。文学语言的创造力和复杂性决定了文学翻译不能实现简单的语言符号转换和绝对"等价"，也不能具有言语间绝对或完全的对等性。其次，文学翻译必须在特定的文化背景下发生，文化体系的结构、意识形态和诗学决定了文学翻译是一种"重写"。最后，翻译者认为翻译是一种"诠释"，而翻译者的主体性不可避免地会影响其对原作的理解与翻译。因此，文学翻译作品必须与原作有关，而无关于原作的"来世"生命。

这些特点决定了文学翻译绝非"技巧"两字所能概括。那么，文学翻译是一门艺术吗？狭义的艺术是指一种"有意识的创造性活动"，它用想象的、直觉的、感性的、审美的、形象的方式反映现实。人们通常认为艺术活动包括音乐、舞蹈、美术、文学（语言艺术）等。这些艺术活动具有创造性、审美性，可直接反映现实（原创性）。显而易见，人们可以肯定文学翻译具有创造性和审美性，但它与现实的关系是间接的，中间必然隔着原作，否则就不能被称为翻译。因此，"文学翻译虽然与艺术活动有相通之处，但与艺术活动有相当的差异，我们只能说文学翻译是一种特殊的艺术活动"。

（三）文学翻译的本质

人们在使用"文学翻译"这个词时，应当注意它既可以指文学翻译作品，也可以指文学翻译的行为。人们常常混淆两者，将文学翻译作品的性质与翻译行为的性质混为一谈。对于前者，由于文学翻译的对象——文学文本的特殊性，文学翻译作品具有审美性、形象性、创造性、抒情性和模糊性等特点。而人们对文学翻译行为的认识经历了一个不断发展的过程：模仿、创造、技巧、艺术、改写、操纵叛逆、阐释等。这些认识实际上反映了文学翻译在以下三个层面的基本要素。

1. 文学翻译的客观性

这里的客观性指文学翻译中原文的客观存在。文学翻译与其他文学形式的区别就在于文学翻译必然与用另一语言写作的原作存在一定程度的相关性。换言之，文学翻译的基础是再现原作的"文本目的"，即文学翻译的目标就是要生产出一个与原作有关的文本。文本目的包含两个要素：一是原作是客观存在的；二是译作必须与原作有某种关联性。作为原作的文学作品具有自身的语言结构，以及由这个结构所呈现的事物和事实。对于译者来说，原作的语言形式、艺术表现手法、情节内容、意境都是客观存在的。这些结构、事件和事实的复制是文学翻译的道德基础或基本伦理。完全脱离原作的写作不再是翻译，而是重写、虚构、模拟或创作。需要注意的是，原文的客观性并不是限制文学翻译的唯一因素。翻译和原文的相关性可以由翻译者主体意识和社会规范来调节。

2. 文学翻译的社会性

文学翻译是在特定的社会文化中进行的，文学翻译的主要目的是供译入语语言社会群体阅读，因此它不可避免地会受到各种社会因素的制约。文学翻译的产品要在译入语文化中存在并被接受就应当遵循译入语的语言规范。译者应当遵循有效的社会规范、道德规范和翻译规范，恰当处理译者主体与社会（读者、出版社、政治经济、诗学或文学传统、意识形态等）的关系。符合规范的译文会受到译入语文化的欢迎，被奉为"经典"，而不符合规范的译文会被译入语文化排斥和拒绝，译者在选择遵循或违反规范时应当考虑到其行为的结果和需要付出的代价。

3. 文学翻译的主体性和创造性

首先，文学翻译不可避免地会涉及翻译者的主观经验，因为对文学作品的意义的理解不是凭空产生的。解构理论和阐释学指出，"意义不是固定关系的标志，而是主体和对象融合的产物，混淆了主体性、时间性和意识形态干预决定了翻译的意义，不能等同于原来的意义"。其次，翻译者作为翻译过程中的操纵者，具有独立的自我意识和主观世界。虽然翻译者将受到原始作品及其客观世界的约束,但在翻译过程中,翻译者仍然具有相当的自由度。他不直接面对读者,而在自己心中预设读者的存在,并在一定程度上把自己阅读原作的心理体验通过译入语传达给读者。因此,文学翻译是一种主观的、创造性的阐释;译作虽然源于原作,但又不同于原作,其延续了原作生命。原作的客观性、文学翻译的社会性和译者的主观创造性分别反映了文学翻译与原作、译入语社会文化和译者的关系。这三者之间并行不悖,各司其职。原作的客观存在是无可否认的事实,它控制着译作中语言结构与事实的基本指向或"文本目的";译入语社会文化规范控制着翻译的发起、进行和接受;译者主体性支配着具体的翻译实践,译者可以选择遵从或违背社会规范。简言之,文学翻译本质上是一种在译入语社会文化规范控制下,与另一文化系统中的某个原作有关的,由译者具体实施的主观性、创造性的活动。

二、文学翻译的价值

对文学翻译价值的认识是一个相对宏观的问题。从表面上看,这个问题与文学翻译实践没有直接的联系,但随着当代翻译学(尤其是文化学派)和比较文学的发展,文学翻译的地位问题越来越关乎译者对自己所从事工作的价值认识,越来越明显地影响着译者对具体的文学翻译策略的选择。因此,文学翻译者可通过区分文学翻译与翻译文学,了解文学翻译与文学系统的关系,明确自身工作的重要性和巨大的文化价值。

(一)文学翻译与翻译文学

实际上,长期以来,我国文学界并没有"翻译文学"这一称呼,而是习惯上使用"外国文学"来称呼"来自外国的文学"。但人们忽视了一个事实:真正的外国文学是外国作家用本民族的语言创作的主要供本民族读者阅读的作品文本,而"翻译文学"才是"由翻译家转换为译入语的,主要供译入语读者群阅读的文本"。对该事实的忽视导致人们常常产生这样的错觉:莎士比亚、托尔斯泰、巴尔扎克似乎都能用流利的

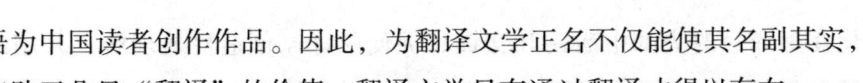

汉语为中国读者创作作品。因此，为翻译文学正名不仅能使其名副其实，还有助于凸显"翻译"的价值，翻译文学只有通过翻译才得以存在。

人们已经清楚文学翻译的双重含义，因此如果人们用这个词指文学翻译作品，那么具体的文学翻译作品构成了"翻译文学"这一文学体裁；而如果用这个词指文学翻译行为，那么文学翻译就是创造翻译文学的过程。

（二）翻译文学与文学系统

翻译文学与文学系统之间的关系实际上是翻译文学的地位问题，这个问题最早的理论回答者是以色列学者伊塔马·埃文－佐哈尔。佐哈尔在 20 世纪 70 年代提出了"多元系统论"。这个理论的最大贡献在于，表明翻译文学是本民族文学多元系统的一部分。翻译文学与翻译系统之间的关系是它可能在多变量系统的中心或边缘，或者它可以占据主导地位和次要地位。翻译文学占主要地位的三种情况如下：①多变量系统是"边缘"或弱者；②多变量系统处于"萌芽"和"年轻"阶段；③多变量系统处于"危机"或转折点，甚至存在文学真空情况。

在我国文学界，翻译文学与文学系统关系问题直到 20 世纪 90 年代才得到应有的重视。其中，谢天振等人系统地论证了"翻译文学是中国文学的组成部分"。文学翻译家的主体创造性和文学翻译作品的汉语属性是这一论断的主要依据。该论断的价值在于它确立了翻译文学在中国文学中的独特地位，从而极大地提高了翻译文学的价值和地位。

（三）文学翻译的价值分析

文学翻译是创造翻译文学的手段和过程。如果说翻译文学是中国文学大家族的一员，那么文学翻译可以被视为文学创作的手段之一。如果说诗歌通过语言形式、小说通过情节、戏剧通过对话等文学手段进行创作，那么文学翻译就是通过"翻译"这一手段创造翻译文学。这种文学手段独立于其他手段的原因在于：两种语言、两种文学传统和两种文化在翻译家的头脑中激荡和交锋,促使翻译家创造性地理解,并用译入语重新创造出新的文学形式。因此,文学翻译不是一种从属性的、缺乏创造力的活动,而是译入语文学吸收借鉴外来文学,从而促进自身文学革新和发展的重要途径。也可以说,文学翻译具有其他文学形式不具备的巨大的文化价值。因此,文学翻译家应该和其他文学家享有平等的地位。

三、文学翻译的过程

对文学翻译过程的研究是翻译研究中的一个重要课题。本部分从翻译文本的选择、文学文本的解读和文学译本的创造三方面入手来说明。

文学翻译的过程或者说原作"重生"的过程究竟是怎样的呢?在不同的文化传统、不同语言之间和不同译者的身上,这个过程不尽相同。不过,如果全面地考虑文学翻译的性质,将控制翻译的社会文化因素和译者的主体因素包括在内的话,文学翻译的过程大体可以分为以下三个步骤:翻译文本的选择、文学文本的解读、文学译本的创造。每个步骤都是一个复杂而综合的过程。

(一)翻译文本的选择

从表面上看,选择某个国家、某种语言和某个作家的作品进行翻译,似乎应该是个别出版社和个别译者的事,但实际上,出版社和译者对原文的选择并不是任意的,而是受到社会文化因素制约的。决定翻译文本选择的因素可能来自各个方面,如当时的意识形态、外国文化的态势、本国文化的自我意识、当时社会的政治经济状况等。出版社和译者在所处的社会文化环境中,必然会考虑社会群体对翻译作品的需要。社会文化对翻译的选择涉及三个方面:一是对翻译文本的选择;二是对翻译语种的选择;三是对译者的选择。从具体翻译实践来看,即使译者选择了个别译本,社会文化也会通过提高译者声望等方式对译本进行筛选。可见,译者对译本的选择也不是完全自由的。首先,译者作为译入语文化的成员，在社会化过程中就已习得了翻译规范。这些规范以社会共识的形式根植于译者的思维方式中。因此，看似个别的译本选择实际上也体现了社会性的一面。其次，专业译者的译本往往由代理人（出版商）和翻译机构选择，而非专业译者自己决定。

（二）文学文本的解读

需要翻译的文本一经确定，译者就开始解读原作。这时，译者首先面对的是原作中的字词，这些字词处于特定的语境中，具有特定的含义。原作的字词是由作者创作的。大多数情况下，译者阅读原作时，原作作者可能已经去世或无法联络。在对当代文学作品进行翻译时，译者有时也可以与作者联系沟通。但无论如何，译者所面对的主要是原作的文本，译者对原作文本的解读是读者对原作多样化的阅读体验之一。如前所述，译者理解的"意义"并不是语言符号与所指概念的固定关系，而是一种融合文本符号、语境和主体因素的视域融合。但是，从文本客观存在的意义上说，原作的语言符号与意义之间还是具有相对稳定的关系的，否则人类语言就完全无法传情达意了。因此，对原作的多样化理解还是具备基本共同点的，即原作的基本事物和事件。

译者的工作就是依据自己的理解，用另一种语言创造一部新的作品。对文本的解读并非一个简单的阅读过程，负责任的译者对文本的解读往往是一个仔细、反复的阅读过程，同时伴随着对原作和作者其他作品的检索和研究。对原作的研究甚至可能包括对作者居住地的考察、历史研究、版本研究、文学研究和评论等。另外，译者翻译当代作品时还可以求助作者，有时文学译本的翻译可以通过译者与作者的合作来完成。

（三）文学译本的创造

任何一个文学译本都至少有三位参与者，即作者、译者和读者。文学翻译的实践过程是一种追求主客观统一的过程。作者的思想和其描绘的形象等都是客观存在于原作之中的。但是，这些客观存在只有经过译者的加工制作，只有经过译者能动的创造，才能在译文中重新客观化和物质化。

在对原作进行研究和解读的基础上，译者开始用译入语创造译本。译本的创造绝非单纯的语言转换，而是综合了各种因素的复杂过程。首先，文学译者必须考虑如何实现译文与原文的事件和语言结构相关的文本目的，尤其是考虑如何创造性地使用目标语言呈现原作的语言艺术形式。其次，译者在创造译文的同时，必须遵守当时的文学翻译规范，违背规范可能会付出译本被拒绝的代价。最后，译者需要正视自己的主体作用，协调自身与文本目的和文学翻译规范的关系。

第二节　文学翻译中的生态学原理体现

一、生态链法则

储存在有机物中的化学能在生态系统中通过层层传导，把诸多生物紧密地联系起来，这种生物间以食物营养关系彼此关联起来的序列在生态学上被称为食物链（food chain），也即"营养链"。由这些食物链彼此相互交错连接成的、反映复杂营养关系的食物网（food web）把所有生物都包括在内，使生物彼此之间都有着某种直接或间接的关系，产生相互作用与反作用。作为生态系统功能的基础，一个复杂的食物网不仅可以直观地描述生态系统的营养结构，还可以维持生态系统的相对稳定。食物网越复杂，其所描述的生态系统抵抗外力干扰的能力就越强；反之，食物网越简单，其所描述的生态系统就越容易失衡甚至毁灭。在复杂的生态系统中，一种生物的消失虽然不会引起整个生态系统的失调，但是在不同程度上会使生态系统的稳定性降低。

文学翻译是译者用一种不同于源语的语言对文学作品进行有效阐释

与转化的主观能动性活动。就像自然生态系统一样，文学生态翻译系统主要由文学翻译无机环境和文学翻译生物群落构成。文学翻译无机环境是指源语文本以及作者、译者、读者和研究者所处的社会文化环境与历史制约条件。文学翻译生物群落是指与文学翻译有关的活动主体，包括"生产者"、"消费者"和"分解者"。与自然生态系统不同之处在于，文学生态翻译系统中的生产者具有双重指向性，其既指作者，又指译者。作者创作原文，是文学生态翻译链的发动者（initiator）；译者根据作者的原作进行文学翻译活动，从而创造译文，是文学生态翻译链的追随者（follower），但是译者在整个文学生态翻译系统中占据核心地位。译文的读者在文学生态翻译系统中充当着消费者的角色，因为文学翻译作品产出以后，由读者对其进行消化和吸收，从而改变文学翻译作品所蕴含文化的载体，转化作品的价值。那么，文学生态翻译系统中的分解者又是谁呢？根据以上分析不难看出，分解者毫无疑问就是文学翻译研究者。文学翻译研究者对译作的研究是一种特殊的消费，他们观察原文，对译者和译作进行研究，从中总结文学翻译理论，反过来又指导在文学生态翻译系统中占据核心地位的生产者（即译者）今后的生产活动。译者在文学生态翻译系统中占据着举足轻重的地位。他们在这一生态翻译链的循环中，首先从无机环境（原文以及原文作者、译者所处的社会文化环境）中利用光合作用（两种语言之间的代码转换）提炼养分，合成有机物（译文），从而完成文学翻译作品生产的过程；同时，在这一系统的循环中，译者还有可能担任消费者和分解者的角色。因为在完成生产过程以后，为了进一步提高自己的生产能力与生产水平，译者往往要对自己的译作进行分析和总结，从而在今后的生产过程中提高利用"光合作用"的能力。由此可见，译者的活动直接影响着整个文学翻译生态系统的平衡与可持续发展。所以，各文学翻译主体——作者、译者、读者和研究者相互依存、互相制约，共同构成了独立开放的文学生态翻译链。

文学生态翻译链需要翻译系统内部的规范环境，也需要良好的规章制度和学术气氛的支撑。好的译风,必然能带动好的学风,从而形成巨大的精神力量。只有建立良好的规章制度和秩序,才能保证文学翻译工作的正常进行,也才能净化文学翻译系统的内部环境,保证文学翻译质量,进而在整体上产生巨大的文学生态翻译功能、效应。

二、生态位法则

生态系统中的一个种群,在空间、时间上所占据的位置及其与相关种群间的功能作用和关系,是生态学的另一个主要术语——生态位(ecological niche),也被称为生态龛,表示生态系统中每种生物生存所必需的生存环境的最小阈值,包括生态系统的生物作用和功能本身及其区域。在自然界中,每个具体位置都有不同种类的生物体,每种生物的活动及其与其他生物的关系取决于这种生物的特殊结构、能力和行为,因此每种生物都具有独特的生态位。形成自身生态位的生物在生态位形成过程中遵循开拓原则、趋适原则、平衡原则和竞争原则这四个原则。开拓原则是指生物占领、开发所有可利用空间的有利基础。趋适原则是指生物出于本能需要而寻求良好的生态位,这种趋适行为导致生物所需资源的流动性。平衡原则是指作为一个开放的生物生态系统,总是朝着尽力减小生态位势(竞争所导致的理想生态位与现实生态位之间的差距)的方向演替。竞争原则是指物种之间生态位越接近,相互之间的竞争就越激烈。

根据文学翻译活动的客观要求,文学翻译主体由个人或团队组成,文学翻译主体在文学生态翻译空间中占有特定的生态位,具有特殊的生态功能,因此呈现独特的行为生态环境。译者行为,可以被理解为人对外部刺激的外显性反应,也可被理解成人类种种活动或动作的有意义的组合。人类文学翻译行为活动不但有着内容上的多样性,而且在文学翻译特定的领域中,每个主体的行为方式也不尽相同,这就使文学翻译生物群体以及文学翻译过程动态系统呈现多样性特点。同时,具有不同文学生态翻译位的主体在文学翻译过程中经过不断地自然选择与相互适应，形成特定的文学翻译形态和文学翻译功能。其中，只有文学生态翻译位重叠的文学生态翻译系统才会产生争夺生态位的竞争，以争夺最适宜生存的生态区域。文学翻译生物群体的生态位实际上是各自能够获得和利用的文学生态翻译资源空间，文学生态翻译位越宽，文学翻译生物群体的适应性就越强，可利用的资源就越多，竞争力就越强。因此，在文学翻译活动的自然生态中，文学翻译者应该准确地找到自己的生态定位，使自己在生态位重叠的系统中，通过竞争找到最适宜生存的生态区域，最大限度地获得和利用生态资源空间，拓宽自己的生态位，提高自己的生态适应性，扩充自己的可利用资源，提高自己的生态竞争力。

三、最适度原则

我国春秋时期教育家孔子曾说过，"过犹不及"（《论语·先进》）。古希腊哲学家德谟克里特也说过类似的一句话，"过度时，最适意的东西也会变成最不适意的东西"①。这两句名言有着异曲同工之处，实际上都涉及度的问题。度是唯物辩证法的一个重要范畴，按照德国哲学家黑格尔的说法，度是有质的限量。唯物辩证法把黑格尔的界限说运用于客观存在的事物，认为度是一定的客观事物保持自己质的规定性的数量区域，即限度、幅度、范围等，是客观事物的质相统一时的限量。客观事物是发展的，度却是相对稳定的。客观事物的变化是有规律的，更重要的是变化的过程是阶段性的，是主体能够逐步认识的。所谓"度"只是客观事物能够存在的质和量相统一的规定，在这一存在中，状态、效果、满意程度怎样，则是更有意义、更值得人们进行研究的内容。任何一种存在的事物都有自己之所以能存在的度，而且从理论上讲，任何一种事物的存在必定有可遵循的最佳适度。

最适度原则就是根据主体需要，认识、选择、控制、创造客体的质

---

① 德谟克里特.哲学道德集[M].梭罗文，杨伯恺，译.上海：辛垦书店，1934：69.

的数量区域、范围界限、顺序间隔，从而使客体最大限度地满足主体需要的原则。最适度原则的本质就是协调和谐，其难点就是在动态实践中，对于保持和趋向最佳适度条件下的对象的积极调整。最适度原则作为唯物辩证法的基本方法论原则之一，能有效地指导人们的实践活动，使人们的事业和其他一切行为、需求达到更佳的效果、状态和程度。最适度原则同样适用于文学翻译实践。

文学翻译的理想境界是译者只译出原著作者的信息意图，让原著作者和译文读者都了解语境在译文中的调节作用，自然而然地达到传递交际意图的目的。但对于文学翻译这种跨语言文化的交际来说，语境相同比较理想化，而在更多情况下，译者和原著作者存在语境差异。因而，译者在进行文学翻译实践时，在译文读者和原著作者语境是否能共享这一关键问题上难免做出错误的估计，从而造成超额翻译或欠额翻译。超额翻译和欠额翻译可以说是文学翻译实践中常见的现象，也是国内翻译理论研究普遍关注的问题。已有的研究中对超额翻译和欠额翻译的界定大多基于美国翻译理论家尤金·A.奈达的语言信息论和语言符号学翻译观，认为超额翻译和欠额翻译就是译文与原著信息在语义和语体上不等。具体来说，超额翻译即过度翻译，指译者未考虑到译语读者对源语作者欲明示的语境有可能共享的情况，并直接将交际意图翻译出来，简而言之就是指译文承载的信息量大于原著的信息量。而欠额翻译则是指翻译不足，指译者无视译语读者对源语作者欲明示的语境有可能不能共享的事实，只翻译出信息意图；又或者译者考虑到译语读者对源语作者欲明示的语境不能共享的情况，直接翻译了交际意图，使译文承载的信息量小于原著的信息量。文学翻译是涉及原著作者、译者和译文读者三方的交际活动，因而在对超额翻译和欠额翻译进行界定时，不能不考虑译者对原著作者意图的顺应和译文读者的能动性。

第五章　生态翻译学在文学翻译中的实践

四、"优胜劣汰，适者生存"法则

生态翻译学是在达尔文进化论基础之上发展起来的一种研究领域。它的早期研究主要受"优胜劣汰，适者生存"这一法则的影响，翻译适应选择理论是生态翻译学的根基。所谓翻译适应选择理论是以达尔文适应选择学说的基本原理和思想为指导，以翻译适应选择的主题概念为基调，以译者为中心的翻译理念为核心，能够对翻译本体做出新的解释的翻译理论范式。翻译适应选择理论把翻译活动看作译者适应生态翻译环境的选择性活动。按照这一理论，翻译就是一种对于思想文化的移植，就是把原著作者的思想从一种语言移植到另一种语言，从一种既定文化移植到一种异族文化。这与生态学上把一种动物或植物从一个地方迁移到另一个地方颇为相似，移植的物种只有适应新的环境，才能够得以生存。也就是说，译作质量的高低与译者适应选择的程度成正比，而译者适应选择的程度与其主体性的发挥又存在密切的关系。因此，生态翻译学坚持译者中心论，认为翻译是一种以译者为中心的智力活动，成也译者，败也译者。

在整个文学生态翻译系统中，译者是最为活跃且颇具创造性的一个主体，具有很大的自由度及活动空间。但是，需要注意的是，译者的翻译活动也会受到各种因素的制约。首先，在某一特定的翻译群落内部，译者活动会受到很多限制因子的制约。这些限制因子包括翻译主体的文化立场、审美情趣、知识总量、价值取向、人生理想及生活态度等。限制因子在整个翻译活动中既会给译者带来积极的影响，如帮助译者理解和适应源语文化，准确把握源语作者思想内涵等；又会对译者产生消极影响，如译者会不自觉地在译文中加入自己对源于文语化的理解与价值取向，从而造成译文对原文的不忠与偏离。但总的来说，限制因子在整个翻译活动中对译者的消极影响大于积极影响，任何一种限制因子都有可能影响译者适应的程度及主体选择的质量。所以，译者要客观准确地把握和认识各种限制因子，合理回避限制因子给翻译带来的消极影响。其次，另一类型的制约因素来自翻译群落外部，即处于不同无机环境中的译者间相互制约，这一点在上文已经提及。

由于不同翻译群落中的翻译主体所处的无机环境存在一定差异，因此整个文学生态翻译系统中的不同译者之间会产生分歧，进而产生竞争。译者在激烈的竞争中都要面对"优胜劣汰，适者生存"法则的考验。所以，在世界文化日益多元化以及翻译研究飞速发展的今天，译者要想在世界文学生态翻译系统中占有一席之地，就要用负责的态度、包容的心态、科学的精神客观地对待异族文化，在充分尊重原作的基础上，合理发挥自身的主体性，从而客观、准确、有效地移植和介绍原作的文化精髓。另外，作为处于某一无机环境中的译者，在尊重源语文化的基础上，也要积极保持自己的文化理念与文化认同，这样既有利于遏制翻译领域中的文化霸权主义和文化沙文主义，也有利于保护世界文学翻译系统的生态平衡。

五、文学翻译的生态平衡原则

生态学的另一个重要术语是生态平衡（ecological balance；ecological equilibrium）。所谓生态平衡，是指在特定的时间内，生态系统中的生物和环境之间、生物各个种群之间，通过能量流动、物质循环和信息传递的过程，相互之间达到高度适应、协调和统一的状态。也就是说，当生态系统处于平衡状态时，系统内部各组成部分之间将保持一定的比例关系，能量、物质的输入与输出在较长时间内趋于相等，生态系统的结构和功能处于相对稳定状态，在受到外来干扰时，能通过自我调节恢复初始的稳定状态。在生态系统内部，生产者、消费者、分解者和无机环境之间，在一定时间内保持能量与物质输入、输出动态的相对稳定状态。

在文学翻译活动中，生产者、消费者、分解者构成了文学翻译的三大功能群体。文学翻译活动中的生产者就是文学作品的作者和译者，消费者指的是文学译本的享受者，即译语读者，而分解者就是指文学翻译研究者。根据翻译的生态系统功能，生产者（作者和译者）创造了价值，而消费者（译文读者）和分解者（文学翻译研究者）也从另一个侧面创造了价值。三大功能群体之间，由能量流、物质流、信息流（包括知识流、能力流）、价值流联结和贯穿，彼此相互关联、相互作用和影响，促成了整个翻译系统功能的运转和演化。翻译活动中涉及的"无机环境"即非生物环境（abiotic environment）是文学生态系统的基础条件，是生态翻译系统中翻译过程赖以生存的物质和能量的源泉及活动场所，可细分为文学作品、对文学翻译及研究者有影响的自然环境和文学翻译赖以生存的土壤等。

　　生物群落在生态系统中既在适应环境，也在改变周边环境的面貌。各种基础物质将生物群落与无机环境紧密联系在一起。生物在生存过程中不断地由环境输入物质并向环境输出物质，而被生物改变的物质环境反过来又影响或选择生物，两者朝着相互适应的协同方向发展，即通常所说的正常的自然演替。随着人类活动领域的扩展，人类对环境的影响也愈加明显。文学生态翻译系统中生物群落涉及的源语作者、译者、译语读者、翻译研究者、翻译委托者之间以及生态翻译系统中生物群落与翻译客观环境之间在相互作用和反作用之中构建一种动态的平衡关系，即"自然平衡"。在这种平衡关系中，每一种成分并不是孤立存在的，而是共同构成相互联系、相互制约的统一综合体。各种成分之间通过相互作用达到一种相对稳定的平衡状态，就是生态平衡，也就是说，文学生态翻译系统中的生产者、消费者、分解者之间应保持稳定，同时力争不断改变自己、改变环境，以便不断进化，"适者生存"。文学翻译环境的优劣直接决定文学生态翻译系统的复杂程度和翻译群体的丰富度，良好的文学翻译环境直接促进了文学翻译活动的不断进步及良性循环。如果其中某一成分过于剧烈地发生改变，文学翻译环境可能会出现一系列的连锁反应，使生态平衡遭到破坏，影响生态平衡的稳定性。文学翻译系统的生态平衡是维持系统内各成分间关系正常发展的根本条件。一旦文学翻译系统的生态平衡遭到破坏，文学生态翻译危机将不可避免，翻译环境、翻译过程、翻译质量、翻译效果也势必受到影响。

当然，变化是宇宙间一切事物最根本的属性。文学生态翻译系统作为一种复杂的统一体，也处在不断变化之中，因此文学生态翻译系统的生态平衡自然也是一种动态而非静态的平衡。如果文学翻译系统中某一环节发生改变，引起不平衡，文学生态翻译系统通过自我调节能力可以使这一环节进入新的平衡状态。正是这种"从平衡到不平衡再到建立新的平衡"的反复循环过程，推动了文学生态翻译系统整体和各组成部分的发展与进化。生态平衡的动态性体现出要想维护文学生态翻译系统的生态平衡，不只需要保持其最初的稳定状态。文学生态翻译系统可以在人为有益的影响下建立新的平衡，达到更合理的结构、更高效的功能和更好的文学生态翻译效益。

与此同时，任何生态系统都不是孤立的，都会与外界产生直接或间接的联系，会经常受到外界的干扰，因此文学生态翻译系统的生态平衡又是一种相对平衡，而不是绝对平衡。文学生态翻译系统对外界的干扰和压力具有一定的弹性，但其自我调节能力也是有限度的。如果外界的干扰或压力在其所能承受的范围之内，当这种干扰或压力去除后，它可以通过自我调节能力而恢复；如果外界的干扰或压力超过其所能承受的极限，即生态阈限，其自我调节能力也就遭到了破坏，文学生态翻译系统就会衰退甚至崩溃。文学生态翻译系统的生态平衡是在一定时间内翻译系统结构和功能的相对稳定状态，即物质和能量的输入、输出接近相等，在一定的外来干扰下文学生态翻译系统能通过自我调节（或人为控制）恢复最初的自然稳定状态。当外来干扰超越生态系统的自我控制能力而使其不能恢复最初状态时，生态系统会面临生态失调或生态平衡遭到全面破坏。

六、文学翻译的生态进化原则

生态进化是指生态系统朝着种群更加多样化、组织水平更高、生产力更大的方向发展，在广义上可以理解为地理环境的生态朝着结构更复杂、功能更强大的方向变化。与生态系统在种群结构和生存环境方面的相对固定状态不同，生态进化的本质特征乃是种群结构，以及生物与环境的契合状态朝着更优化的方向发展，物质能量流通规模出现阶梯形的跃进。地球生物圈在30多亿年的时间里从简单到复杂、从低级向高级、从低生物能量向高生物能量变化的过程，可以看成全球规模的生态进化过程。地球上生态进化的总趋势增加了生物物种的多样性，提升了生态系统的稳定性、弹性。由于人类及其文明的出现是以生态进化为前提和基础的，生态进化的总趋势与人类利益具有内在的统一性，即人类利益要求维护地理环境的生态进化。人们可以利用科学技术和社会生产力促进生态系统的进化，但不能任意干预生态系统进化的自然进程，否则将引起生态退化的恶果。

文学翻译是理解、转换和表达的过程，既包括语言过程，也包括思维过程。在这些过程中，译者通过解码获取信息，掌握信息内容即可把握原文意义。译者掌握原文意义后，随即进入转换程序。经过概念转换、形象转换、判断转换、推理转换和逻辑顺序调整等加工过程后，译者将内部言语外化为语言表达形式，并按照译文的语言表达习惯进行表达。译文进入流通领域后，不但要接受读者的检验，而且要接受翻译研究者的评述。研究者一般会从翻译的专业角度对译文做出宏观及微观层面的评述，并从中发现问题、了解问题、解决问题；从专业角度，即从原作—译者—转换过程—读者—社会效果等角度权衡译文的质量，对译文做出价值判断，不但给译者提供专业性的建议和意见，而且把翻译实践提升到理论层次，创新翻译理论。译者、读者和翻译研究者三者在相互关联、相互作用及影响中，促进了文学翻译生物群落自身的进化。

文学翻译的宏观生态环境体现在自然、社会、文化环境和翻译的存在及发展之间的作用与反作用上。文学翻译对自然的功能是认识和利用、开发和保护，而文学翻译对社会环境的反作用，则更为复杂。首先是其社会价值。文学翻译的社会价值，是由文学翻译活动的社会性决定的，主要体现在其对社会交流与发展的强大推动作用。文学翻译活动历史悠久，领域广泛，形式丰富，无疑为文学翻译社会价值的发挥提供了客观的基础。从源头上讲，文学翻译所起的最为本质的作用之一便是其基于人类社会交际行为的心灵沟通作用。文学翻译因人类的交际需要而产生。在克服阻碍交流的语言差异难题的同时，文学翻译为跨文化交流打开了通道。文学翻译使人类社会从相互阻隔走向相互交往，从封闭走向开放，从狭隘走向开阔。文学翻译对社会的推动力显而易见，其对社会重大政治运动和变革实践具有直接影响。文学翻译对社会的推动力还在于其对民族精神和人的思维的影响。鲁迅的翻译实践和追求可为人们理解这一问题提供某种答案。文学翻译对文化具有创造、发展功能。不同语言文化间的翻译沟通推动了不同文化体系的进步，不同文学翻译作品的传播往往也是新思想的传播。世界发展，文学翻译功不可没。与此同时，文学生态翻译系统功能的循环往复及螺旋式的上升，也使文学生态翻译系统整体得到不断的升华与进化。

第三节 生态翻译学视角下的文学翻译应用

一、生态翻译学与诗歌翻译

（一）诗歌翻译中的生态平衡

诗歌，作为一种高度凝练与富含象征意象的文学形式，对于生态平衡的需求尤为明显。在诗歌翻译过程中，保持生态平衡主要涉及诗歌作

第五章 生态翻译学在文学翻译中的实践

品原文的语言特性、文化底蕴与读者理解之间的协调。

诗歌作品原文的语言特性中，诗歌的韵律、音韵、象征意象，甚至是诗行的长度和排版，都构成了诗歌的独特语言生态环境。对于这种环境的保护在翻译过程中的体现是对于诗歌作品原文原貌的尊重和尽量的保持。然而，诗歌的翻译也不可能完全忠于原文的形式，毕竟不同语言本身的差异就决定了在某些方面，如韵律和音韵，原文的特性很难在译文中得到完全的再现。因此，译者需要在尊重原文和考虑译文可读性之间找到平衡。

诗歌原作往往深深植根于源语言文化中，充满了对特定文化背景的暗示和引用。这就对诗歌翻译生态平衡提出了更高的要求。译者需要理解诗歌作品原文的文化含义，同时考虑目标读者的文化背景，选择合适的翻译策略，使译诗能够在保持原文文化底蕴的同时，又能让目标语言的读者理解和接受。

（二）诗歌翻译中的文化生态

如同笔者在讨论诗歌翻译的生态平衡时所强调的，诗歌的文化生态在翻译过程中扮演着至关重要的角色。诗歌常常涉及源语言文化的许多方面，包括历史、风俗、习惯和宗教等等。这些元素都构成了诗歌的文化生态。

在翻译过程中，译者需要尽可能地保持诗歌作品原文的文化特色，以保护其文化生态。然而，由于不同文化的差异，诗歌作品原文中的一些文化元素可能在译文中无法得到直接的对应。在这种情况下，译者需要寻找一种平衡，既要保持诗歌作品原文的文化特色，又要考虑译文的可接受性。这就要求译者有足够的文化素养，能够深入理解诗歌作品原文的文化内涵，同时也非常了解目标语言文化的特性和读者的阅读习惯。

（三）诗歌翻译中的语言生态

诗歌的语言生态主要体现在其语言的形式和内容上。形式上，诗歌的语言往往具有高度的概括性和象征性，这也是诗歌作为一种艺术形式的独特之处。内容上，诗歌的语言常常表达出对人类生活、自然环境和社会现象的独特观察和理解。

在诗歌翻译过程中，保护语言生态意味着要尽可能地保持诗歌作品原文的语言形式和内容。这一方面需要译者具有高度的语言敏感性和艺术修养，能够理解和把握诗歌作品原文的语言美感；另一方面，也需要译者具有灵活的翻译技巧，能够在尊重诗歌作品原文的语言形式和内容的同时，创造符合目标语言规则和满足读者期待的译文。

（四）生态翻译学视角下的诗歌翻译案例分析

生态翻译学为人们提供了一种审视诗歌翻译的全新视角。以生态翻译学为指导，诗歌翻译不再是简单的语言转换，而是一个涉及诗歌作品原文生态环境保护和译文生态环境建设的复杂过程。

对于具体案例的分析，可以参考唐代诗人王之涣的《登鹳雀楼》与其英文译文的比较。诗歌作品原文如下。

白日依山尽，黄河入海流。欲穷千里目，更上一层楼。

其英文译文如下。

The sun along the mountain bows,

the Yellow River seawards flows.

You can enjoy a grander sight,

by climbing to a greater height.

在诗歌作品原文中，王之涣运用精练的语言和深沉的象征，创造出一幅壮丽的山河景象，同时表达出深远的人生哲理。而英文译文在尽可能保持诗歌作品原文的形式（如对仗、韵脚等）和内容的同时，也充分考虑了英语的语言规则和读者的阅读习惯，成功地在尊重诗歌作品原文生态环境和建设译文生态环境之间找到了平衡，体现了生态翻译学的原则。

再以唐代诗人李白的《静夜思》为例。诗歌作品原文如下。

床前明月光，疑是地上霜。

举头望明月，低头思故乡。

其英文译文如下。

Moonlight in front of my bed,

I took it for frost on the ground!

I lift my head to watch the bright moon,

then lower it，thinking of my hometown.

在这首诗中，李白运用了丰富的象征和比喻，创造出一幅深沉的思乡画面，同时也表达出一种深深的孤独和怀旧的情绪。英文译文在保持诗歌作品原文的形式（如对仗和韵脚）和内容的同时，也充分考虑了英语的语言规则和读者的阅读习惯。

在这首诗的翻译过程中，译者需要处理两种完全不同的语言和文化生态系统，即诗歌作品原文的汉语－中国文化生态系统和目标诗的英语－西方文化生态系统。译者不仅需要理解和尊重诗歌作品原文的语言风格和文化背景，还需要考虑目标语言的语言规则和读者的阅读习惯。因而，译者只有具备高度的敏感性和灵活性，才能在两种不同的生态系统之间找到平衡，实现生态翻译。

因此，可以看出，在诗歌翻译的过程中，生态翻译学为人们提供了审视诗歌翻译的全新视角。通过维护诗歌作品原文的生态环境和构建目标诗的生态环境，诗歌翻译成为一个涉及诗歌作品原文和目标诗之间相互作用和互动的复杂过程。这种过程不仅要求译者具有高超的语言技巧和优良的文化素养，还要求译者具有敏锐的生态意识和高度的生态责任感。

二、生态翻译学与小说翻译

（一）小说翻译中的生态平衡

生态平衡的理念是生态翻译学的核心，也是在小说翻译中需要尤为重视的一环。传统的翻译观念可能过于强调忠实性，使得翻译在过分追求忠实度的过程中，可能会忽视目标读者的理解接受度，甚至会忽视原文的某些特质。而在生态翻译学的视角下，生态平衡则体现为在尊重原文的同时，也充分考虑译文的接受度和目标文化的习惯。

这种平衡的实现并非易事，但却对译文的质量有着显著的影响。首先，译者需要深入研究原文，尽可能全面、准确地理解原文的内容和语言特点，此外，对源语言文化的深入理解也是必不可少的。只有对原文有了充分的理解，才能做到对其进行准确、完整的再现。

然而，仅仅做到对原文的忠实再现是不够的，译者还需要考虑译文的接受情况。这就需要译者对目标语言文化有深入的了解，明确地知道什么样的表达方式会被目标读者接受，什么样的表达方式可能会引起误解或者排斥。这种对目标语言文化的敏感性，需要译者具备足够的语言技巧和文化理解能力，才能将原文成功地"搬运"到另一种语言和文化环境中。

生态平衡的理念在小说翻译中则更为重要，因为小说是一种复杂的艺术形式，包含了丰富的人物性格、情感变化、社会环境、历史背景等元素。在翻译小说时，译者需要在对这些元素进行处理时，找到一种既能保持原文特性，又能让目标读者接受的平衡。

具体到小说翻译实践中，生态平衡的实现可能表现为译者在面对一些无法直译的元素时，准确选择合适的翻译策略。例如，原文中可能包含一些对目标读者来说陌生的文化元素，这时候，译者可能需要进行一定的注释、引导，或者选择其他更能被目标读者理解的表达方式，以实现文化元素的传递。

（二）小说翻译中的文化生态

小说翻译不仅仅是语言层面的转化，更是文化层面的交流和传递。在翻译过程中，译者需要充分理解原文蕴含的文化内涵，以及源语言文化社会的历史、风俗、习惯等方面的知识。在这一过程中，译者需要发挥自己的主观能动性，灵活地运用各种翻译策略，确保原文的文化特色

第五章　生态翻译学在文学翻译中的实践

在译文中得到准确的传达。只有这样，才能最大限度地保护小说作品的文化生态，实现文化的多样性。

（三）小说翻译中的语言生态

在小说翻译中，文化生态的角度为人们提供了更广阔的视野。小说作为一种艺术形式，其背后所承载的文化信息极其丰富，包括但不限于地域风俗、历史背景、道德观念、社会现象等。一部小说中的这些信息构成了小说的文化生态系统，正是这个系统使得每部小说都独一无二，充满个性。从这个角度来看，小说翻译实际上是一种对文化生态系统的转换和移植过程。

然而，这种转换和移植过程并非简单的复制和粘贴。每种语言文化都有其独特的逻辑和规则，这就需要译者具有高度的文化敏感性和理解能力，以便在翻译过程中能够准确捕捉并传达原文的文化内涵。具体来说，译者需要对源语言文化社会的历史、风俗、习惯等有着深入的了解，只有这样，才能真正理解原文的含义，才能使得翻译后的小说在目标语言环境中仍然保持其原有的文化色彩和风格。

在文化生态系统的转换和移植过程中，译者的主观能动性显得尤为重要。翻译并非机械的语言转换过程，而是涉及大量的选择和决策。译者需要根据原语言文化和目标语言文化的特点，以及目标读者的接受程度，灵活地运用各种翻译策略。比如，对于原文中的一些独特的文化元素，译者可能需要通过译注的方式进行解释；对于原文中的一些语言特点，译者可能需要寻找目标语言中相应的表达方式进行对应。这些选择和决策都在一定程度上反映了译者的主观能动性。

生态翻译学鼓励人们尊重和保护每部小说的文化生态系统，从而实现文化的多样性。这并不是说人们需要在译文中一一复制原文的所有特点，而是说人们需要在保持原文特色的同时，也充分考虑目标语言文化和读者的接受度。在这个过程中，既要避免过度的异化，也要避免过度的归化，只有这样，才能真正实现对小说文化生态的保护。

（四）生态翻译学视角下的小说翻译案例分析

要想从生态翻译学的角度分析小说翻译的案例，可以选取一些经典的小说翻译作品，观察和探讨译者如何在保护原文的生态环境的同时，又能够使译文适应目标语言的生态环境。

一部被广大读者所熟知的小说作品——《杀死一只知更鸟》，由美国作家哈珀·李所创作，被誉为美国文学史上的经典之作，也在世界范围内产生了广泛的影响。这部作品描绘的是20世纪30年代的美国南部小镇场景，讲述了一位律师尽力为一名无辜的黑人辩护的故事。这部小说包含了许多关于美国历史、文化和社会的元素，这对译者来说无疑是一个巨大的挑战。现在一起分析探讨中文版《杀死一只知更鸟》的译者是如何处理这些问题的。

中文版译者在翻译这部小说时，首要的任务是尽可能地保护原文的生态环境。这包括了小说的语言风格、人物特性、情节安排等各个方面。举例来说，原文中的一些方言和俚语在译文中被保留了下来，虽然这使得译文的可接受程度有所降低，但却在一定程度上保留了原文的语言生态。译者在处理这些问题时，采用了添加译注的方式，对一些可能引起读者困扰的表达进行了解释。

然而，尽管译者在保护原文生态方面下了很大的功夫，但译者也深知翻译活动不能忽视译文的接受环境。要知道，译文的目标读者是中国的读者，绝大多数中国读者和原文的读者有着完全不同的文化背景和阅读习惯。在这个问题上，译者采取的策略是在尽可能保持原文特性的同时，对一些可能引起文化冲突的内容进行了适度的改动。比如，原文中的一些涉及美国历史和文化的内容，在译文中被改写得更加符合中国读者的认知，从而提高了译文的可接受性。

《杀死一只知更鸟》中文版的译者在处理译文时，以细致入微的眼光考虑了原文和译文的生态关系。下面将通过具体的文本例子展示译者的处理策略。

第五章　生态翻译学在文学翻译中的实践

原文中有一段对话如下。

"Do you defend niggers, Atticus?" I asked him that evening.

"Of course I do. Don't say nigger, Scout. That's common."

"'s what everybody at school says."

"From now on it'll be everybody less one—"

此段对话涉及美国的种族问题，词汇"nigger"是对黑人的贬义词，但在美国南部是常用的口语词汇。这在翻译时无法直译，因为这样会引发文化冲突，影响译文的可接受性。中文版的译者在处理这段对话时，选择了一种较为委婉的译法，他们将"nigger"译为"黑鬼"，并在脚注中解释了这个词在原文中的含义和使用环境。这样的处理策略既保留了原文的语言生态，又避免了对译文读者的冒犯。

另外，原文中有一段描述如下。

Thus we came to know Dill as a pocket Merlin, whose head teemed with eccentric plans, strange longings, and quaint fancies.

这里的"pocket Merlin"是一种源自英语文化的表达，意指小巧且充满魔力的人。在翻译时，直接译成"口袋中的梅林"会让中国读者感到困惑，因为这种表达在中文语言表达中并不常见。译者在处理这个问题时，选择了一种更符合中文语言习惯的译法，他们将"pocket Merlin"译为"袖珍魔术师"。这样的处理策略在保护原文生态的同时，也充分考虑了译文的接受环境。

以上这两个例子展示了《杀死一只知更鸟》中文版译者的一些翻译策略。他们在处理原文和译文的生态关系时，既尊重原文的特性，也充分考虑了译文的接受环境，这正符合了生态翻译学的原则。

再来看一个来自中国小说文学的例子，当代作家余华的《活着》。这部小说以其生动的语言和深刻的人生哲理在全球范围内受到了广泛的认可。这部小说的英文版译者在处理原文和译文的生态关系时，也体现了生态翻译学的原则。

135

原文中有这样一句话：

我一生中做过的一切事情，都没有超出父亲的眼皮底下。

这句话的字面意思是，"我做的所有事情，父亲都看在眼里"，但在中国文化中，"眼皮底下"有着特别的含义，它不仅指的是物理意义上的观察，更包含了道德的评判和命运的安排。这是一种富有文化内涵的表达，其含义无法通过直接译制准确传达。《活着》英文版的译者在处理这句话时，选择了一种稍加修改的译法，他们将其译为：

Everything I've done in my life has been done under my father's watchful eye.

这样的译法既保留了原文的语言生态，又使得译文符合英语的表达习惯，避免了可能引发的文化冲突。通过这个例子，可以看出《活着》的英文版译者在处理原文和译文的生态关系时，既尊重了原文的特性，也充分考虑了译文的接受环境。这种处理策略恰恰遵循了生态翻译学的原则。

三、生态翻译学与剧本翻译

（一）剧本翻译中的生态平衡

剧本翻译作为一种特殊类型的文学翻译，对其生态平衡的维护显得十分重要。这主要体现在两个方面：剧本作品原文生态的保护和目标剧本生态的构建。

剧本作品原文的生态系统主要包括了剧本的语言风格、人物塑造、情节设置等各个方面。维护剧本作品原文的生态环境就是要尽可能地保持这些元素的原貌，而不是简单地替换或省略。译者需要充分理解剧本作品原文中蕴含的文化内涵和作者的创作意图，从而在译文中准确地传达出来。

目标剧本的生态系统则主要关注译文的接受环境，包括目标语言规则和目标读者的阅读习惯。构建目标剧本的生态环境，就是要在尊重剧本作品原文生态的前提下，充分考虑译文的接受环境，使译文能够被目标读者接受和理解。

（二）剧本翻译中的文化生态

剧本翻译的文化生态主要指的是剧本中蕴含的文化元素和体现的文化背景，包括剧本中的历史背景、社会环境、人物信仰、价值观念等方面。译者在处理这些文化元素时，需要充分了解原文化和目标文化，才能做到对于源文化的准确传达和适度转化。

剧本翻译中的文化生态维护，主要是通过避免文化误读、避免文化缺失和避免文化冲突，实现精确传达和有效交流。这就要求译者既要尊重原文化，又要充分考虑目标文化，才能在两种文化之间找到平衡，实现生态翻译。

（三）剧本翻译中的语言生态

剧本翻译的语言生态主要涉及剧本的语言风格、语言节奏、语言色彩等方面。这些都是构成剧本特色和风格的重要因素，对剧本的整体效果有着重要影响。

剧本翻译中的语言生态维护，主要是通过保持剧本作品原文的语言风格、语言节奏和语言色彩，实现语言的精确传达和有效交流。这就要求译者具有高度的语言敏感性和灵活的语言技巧，能够在源语言文化和目标语言文化之间找到平衡，从而实现生态翻译。

（四）生态翻译学视角下的剧本翻译案例分析

为了更具体地理解生态翻译学在剧本翻译中的应用，下边将分析现代剧作家曹禺的《雷雨》及其英文译本中的几处翻译案例。

《雷雨》是一部揭示人性深渊与社会矛盾的杰作，通过精心设计的情节和细致描绘的人物，展现了20世纪初中国社会的复杂面貌。在这部剧作中，作者的语言风格、情节安排、人物设定以及深层的社会和文化背景构成了一种特定的文化生态。

在翻译《雷雨》这部剧本时，译者首要的任务是尽可能地保护剧本作品原文的生态环境。剧本作品原文中的台词风格被保留并在译文中体现出来，例如一些具有中国特色的俚语和惯用语。

原文：革命尚未成功，同志仍需努力。

译文：Revolution has not yet succeeded, comrades still need to strive. 这保留了原台词的语境和意境，同时也尊重了英语的表达规则，展示了生态翻译的特点。

然而，在保护剧本作品原文生态的同时，译者也不能忽视译文的接受环境。译文的目标读者是英语国家的读者，他们的文化背景和阅读习惯可能与原文的读者有所不同。在这种情况下，译者需要灵活运用各种翻译策略，对可能引起文化冲突的内容进行适度的改动。这里有处具有代表性的例子。

原文：绣花枕头一针线，婆娑起舞赴太平。

译文：Embroidering a pillow with a thread and a needle, dancing our way to peace. 虽然不能完全还原原文的语境，但却尽可能保持了原句的寓意和文化气息，而且对于英语国家的读者来说，易于理解和接受。

通过《雷雨》的英文版翻译案例，可以看到生态翻译学的视角是如何在剧本翻译中得到运用的。译者在保护剧本作品原文生态的同时，也充分考虑了译文的接受环境，实现了剧本作品原文生态和目标剧本生态之间的平衡，这是生态翻译学的核心理念。

再来看一个例子：中国古典四大名剧之一的《牡丹亭》及其英文翻译案例。《牡丹亭》是明代剧作家汤显祖的代表作，深受中国及海外观众的喜爱。剧中的人物性格鲜明，语言优美，场景描绘细致，充满了丰富的中国传统文化元素。

在剧作翻译的过程中，保护剧本作品原文的生态环境显得尤为重要。例如，在《牡丹亭》的英文翻译版本中，针对原文中一些典型的中国文化元素，比如诗词歌赋，尽可能地保留了原有的形式和风格。

第五章 生态翻译学在文学翻译中的实践

原文：好一朵美人蕉，花枝俏。人面桃花相映红。

译文：Such a beautiful banana flower, so elegant. The human face is as red as the peach blossom. 尽管这种翻译在某种程度上降低了译文的可接受度，但却保持了原文的诗意和象征意义。

然而，译者在保护剧本作品原文生态的同时，也需考虑译文的接受环境。在《牡丹亭》的英文翻译版本中，有些可能会让外国读者感到困惑的中国特有表达方式和文化现象，被译者适度地加以调整或解释。例如，原文中的"吾乃南柯一梦，醒后何所有"，译者采用了译注的方式，先保留原文，然后在注释中解释这句话蕴含的哲学思想和文化内涵。

通过这个例子，可以看出，译者在处理剧本翻译的过程中，不仅要保护剧本作品原文的生态环境，也要考虑译文的接受环境，以实现源语和目标语之间的生态平衡。这种处理方式充分体现了生态翻译学的理念和方法，有助于剧本翻译实践的成功。

四、生态翻译学与散文翻译

（一）散文翻译中的生态平衡

在散文翻译中，生态平衡是指译者需要在尊重原文的语言特点、内容表达以及文化内涵的同时，兼顾译文读者的语言习惯和文化背景，使这两个方面达到一种动态的、相互适应的平衡状态。源语言文化和目标语言文化既有不可调和的差异性，也有可以互相借鉴和融合的共性，这种共性和差异性的对立统一形成了散文生态翻译系统的平衡。生态翻译的目标就是通过合理的翻译策略和技巧，在尊重和保护源语言生态的同时，尽可能地使译文适应目标语言文化生态。

在散文翻译的过程中，译者需要充分考虑源语言文化和目标语言文化在词汇、语法、修辞等方面的差异，并灵活运用语言转换技巧，以保持原文的风格和语言特色，同时确保译文的流畅性和易读性。此外，散文的翻译还需要考虑原文和译文在思维方式、价值观念、社会习俗等方面的差异,通过适度的转换和调整,使原文的内容和信息在译文中得到有效的传达与呈现。

(二)散文翻译中的文化生态

文化生态是指源语言文化和目标语言文化所对应的各自的背景和社会环境。在散文翻译中,译者需要充分理解原文的文化背景,以及源语言文化社会的历史、风俗、习惯等方面的知识。而在译文中,译者也需要充分考虑目标语言的文化背景,以及目标语言文化社会的历史、风俗、习惯等方面的情况。

通过对原文的深入研究和理解,译者可以更好地掌握原文所蕴含的文化内涵,从而在译文中准确地传达这些文化内涵。同时,译者也需要充分考虑目标语言的文化背景,以确保译文的可读性和可接受性。

(三)散文翻译中的语言生态

语言生态指的是源语言文化和目标语言文化在语言结构、表达方式、语义理解等方面的差异和特点。在散文翻译中,译者需要深入理解源语言文化的语言风格,以及源语言文化在语法、词汇、修辞等方面的规则和习惯。同时,译者也需要充分理解目标语言的语言风格,以及目标语言在语法、词汇、修辞等方面的规则和习惯。

通过对源语言文化和目标语言文化的深入研究,译者可以更好地理解两种语言文化之间的差异,从而在翻译过程中有效地进行语言转换,使译文既能保持原文的语言特色,又能符合目标语言的语言习惯。

(四)生态翻译学视角下的散文翻译案例分析

现代作家沈从文的《边城》是中国现代散文的经典之作,书中富含湘西的自然景观和人文风情,被誉为"田园诗的杰作"。以生态翻译学视角分析散文翻译,可以参考《边城》中的一段的内容及其英文版对应翻译。

原文:她沿着河岸走,忽然看见那边的山坡上,一株野芍药正在开花。那花大大的，红红的，在绿叶丛中特别引人注意。

译文：As she walked along the riverbank, suddenly she noticed on the slope of the hill across the river a wild peony blooming. The flower was large and bright red, standing out against the green leaves.

这段翻译成功地保留了原文的意境和语言风格，同时又充分考虑了英语读者的阅读习惯。原文的"大大的，红红的"在英文中被译为"large and bright red"，这是译者在尊重原文的基础上，针对英语的语言特性进行了适当的转换。

现代散文家朱自清的《背影》是中国现代散文的又一经典作品，其中蕴含的深情厚谊深受读者喜爱。下面是其中一段内容及其英文版对应翻译：

原文：我知道我不能像你那样坚强，可是我学会了忍耐。

译文：I know I am not as strong as you are, but I've learned to be patient.

这段翻译保留了原文的语气和语言风格，同时又充分考虑了英语读者的理解和接受能力。这段翻译也充分体现了生态翻译理论的原则，即在尊重原文的基础上，兼顾译文的接受环境。

以上两个案例展示了生态翻译理论在散文翻译中的应用。译者在翻译过程中，不仅要尽可能地保持原文的语言特色和文化内涵，同时也要充分考虑译文的接受环境，使原文和译文之间达到一种生态的平衡。

五、生态翻译学与儿童文学翻译

（一）儿童文学翻译中的生态平衡

儿童文学的翻译在保持生态平衡的挑战下，既要满足目标语言儿童读者的阅读需求，又要尊重原文的生态环境。这种生态平衡表现为在忠实于原文和适应译入语言文化之间找到平衡，在保持原文风格和便于目标语言儿童读者理解之间取得平衡，以及在尊重作者的意图和满足目标语言儿童读者的期望之间达到平衡。对于儿童文学的翻译来说，生态平衡更多地表现在对原文和译文两种生态环境的考虑与尊重。

（二）儿童文学翻译中的文化生态

在儿童文学翻译中，文化生态的保护尤为重要。由于儿童文学往往含有丰富的文化信息，如何处理这些文化信息，使之既符合译入语言文化的背景和规则，又不失原文的文化特色，是儿童文学翻译过程中的一个重要问题。这就需要译者在翻译过程中，既要保护原文的文化生态，又要适应译入语言文化的生态环境。

（三）儿童文学翻译中的语言生态

原文的语言风格，包括词汇选择、句子结构、修辞手法等，都构成了原文的语言生态。在儿童文学翻译过程中，如何在尊重原文的语言生态的同时，又使译文易于理解、通顺流畅，是译者需要面对的挑战。

（四）生态翻译学视角下的儿童文学翻译案例分析

以中国的儿童文学作品《西游记》及其英文版翻译为例，这部作品充满了中国的文化元素和传统思想，如儒家、道家和佛家的教义，以及中国的神话和民间传说等。在这种情况下，如何在保护原文的文化生态和适应英语读者的文化背景之间找到平衡，是译者面临的一个重要挑战。

在这部作品的英文版翻译中，译者采取了一种折中的策略。一方面，译者尽可能地保留了原文中的中国元素，并用英文注解一些特定的中国文化词汇和表达，从而保护了原文的文化生态；另一方面，译者也对一些原作内容进行了适度的改编，使之更符合英语读者的阅读习惯和文化背景，如将一些可能让英语读者难以理解的中国传统思想和表达，用更易于英语读者理解的方式进行了解释和阐述。通过上述方式，译者在原文和译文的文化生态之间找到了一种平衡。

在《西游记》中，猴王孙悟空的独特性格特征体现在其独特称呼"齐天大圣"上，英文版翻译中保留了这个称呼，即："the great sage equal to heaven",并在注中解释:"This title is a testament to Sun Wukong's defiance of the heavenly order and his irrepressible spirit."。这种处理方式既保留了原文的文化特色,又使得英语读者能够理解其含义。

在《西游记》中,有一处对于孙悟空神通广大的描述——"翻筋斗"。原文中写道:"他也会翻筋斗,一翻就是十万八千里。"这里的"翻筋斗"和"十万八千里"都是源自中国文化的独特表达,对于西方读者来说可能并不熟悉。

在英文版翻译中,译者采取了富有创新性的方式处理这些文化元素,将"翻筋斗"翻译为"Somersault cloud",并将"十万八千里"翻译为"108,000 li",同时在译文旁边提供了注释:"Li is a traditional Chinese unit of distance, about 1/3 of a mile. 108,000 li thus roughly translates to a distance of 36,000 miles, indicating the vastness of Wukong's somersault cloud."这种方式在尊重原文的同时,通过注释帮助外国读者理解中国的传统文化和表达方式,从而实现了文化生态的平衡。

再以中国的另一部儿童文学作品《童年》及其英文版翻译为例,这部作品的语言风格独特,充满了诗意和音乐性,如何在保护原文的语言生态和使译文易于理解之间找到平衡,是译者面临的主要挑战。

在这部作品的英文版翻译中,译者采用了与《西游记》英文版类似的策略。一方面,译者尽可能地保留了原文的语言风格,如通过精心的词汇选择和句式构造,尽量保留了原文的诗意和音乐性,从而保护了原文的语言生态;另一方面,译者也考虑了英语读者的阅读习惯和理解能力,对一些可能引起困惑的表达进行了适当的修改和解释。通过这种方式,译者在原文和译文的语言生态之间也找到了一种平衡。

原文中有一句话:"小草,你为何这般柔弱,一夜春风就能把你吹倒?"在英文版翻译中,译者力求保留了原文的诗意和音乐性,将其翻译为:"Little grass, why are you so fragile that a night's spring breeze can blow you down?"这样的处理方式既尊重了原文的语言生态,另一方面也保证了译文的通顺和可读性。

同样在《童年》中，还有一段描述自然环境和孩子情感的文字："河水清澈，鱼儿在水中自由自在地游动，岸边的我儿时的笑声还回荡在空气中。"这段描述具有深厚的诗意和感情色彩，其独特的语言风格和表达方式也是源自中国的传统文化和语言环境。

在英文版翻译中，译者尽可能保持了原文的语言风格和情感，将其翻译为："The river is clear, and the fishes swim freely in the water, while my childhood laughter still echoes on the bank."译者通过精心选择词汇和调整语句结构，力求在保持原文语言生态的同时，使译文通顺、易于理解，且符合英语的表达习惯。同时，译者还通过词汇的选择，尽量保持了原文的诗意和感情，从而达到了语言生态的平衡。

最后，以英国的儿童文学作品《哈利·波特》及其中文版翻译为例，这部作品充满了英国的文化元素和特殊的魔法世界设定，如何在保护原文的文化生态和适应中文读者的文化背景之间找到平衡，同样是译者面临的重要挑战。

在这部作品的中文版翻译中，译者采取的策略是尽可能地保留了原文的文化元素，如对一些特定的魔法世界词汇和表达，用中文注解进行了解释，从而保护了原文的文化生态；同时，译者也对一些可能引起文化冲突的内容进行了适度的改编，使之更符合中文读者的阅读习惯和文化背景。通过这种方式，译者在原文和译文的文化生态之间找到了一种平衡。

例如，书中的"quidditch"一词是作者J.K.罗琳创造的一种魔法世界的运动项目，在中文版中，这个词被译为"魁地奇"，并在注中解释称这是一种在魔法世界中的运动项目，旨在通过飞行扫帚抓住一个叫作"金色飞贼"的小球得分。这种翻译策略充分体现了译者对原文的尊重，同时也保证了译文的可读性和可接受性。

第四节　生态翻译学视角下文学翻译教学策略

生态翻译学的整体观要求教师在了解翻译教学课程特点和教学目标的基础上，准确把握翻译生态环境下翻译主体、信息资源以及多媒体技术等各种教学要素之间的生态交互。作为一个生态整体，文学翻译要求翻译主体、翻译文本对象、文本背后的文化、源语和译语之间的文化差异与社会背景等生态因子相互联动。因此，在文学翻译教学过程中，师生主体、教学内容（文本翻译对象）、教学环境、评价制度等子生态系统必须相互关联，形成一个整体。只有这样，才能充分保证师生可以进行恰当的主体角色选择和能动性的课堂实践，从而建构有序、有度、动态平衡的文学翻译教学生态。

一、制定文学翻译生态教学目标和教学内容

在生态翻译学观照下，文学翻译教学生态平衡牵一发而动全身，学生原文和译文两种语言听、说、读、写综合能力的高低直接影响文学翻译水平的高低，反过来说，文学翻译教学对学生双语的听、说、读、写有着很好的促进作用。可以说，文学翻译教学通过翻译行为使学生掌握翻译艺术，这个过程也是学生对源语和译语两种语言学习和提高的过程。根据这一教学目标，可以制定相应的文学翻译课程教学模块体系。第一，语言基础模块。这一模块重在提高学生的双语运用能力，减少或消除学生译者母语对译语的负迁移作用。这一课程模块在文学翻译的初级阶段非常重要，一定程度上决定了学生译者今后文学翻译能力的发展潜力。第二，文学翻译理论模块。理论课程旨在让学生掌握和运用文学翻译理论，了解翻译学特别是生态翻译学理论的最新动态，从理论层面让学生认知和理解文学翻译的基本原理，为翻译能力的提高奠定理论基础。第三，翻译技术模块。这个模块主要有语料库、网络共享技术、搜索查询

技术、社交平台等。语料库主要包括各类文学特别是生态文学文本材料，这是技术模块最重要的组成部分。选取生态文学文本作为主要翻译语料，一方面可以让学生更好地理解生态理论各方面的知识，另一方面可以更好地将理论与实践相结合，提高学生的翻译能力。即时通讯软件等现代信息技术的充分利用，可以让学生迅速获取翻译知识和动态信息，自觉、主动地提高翻译技术应用能力。

二、创造和谐融洽的文学翻译教学生态环境

翻译生态环境指"影响翻译主体生存以及发展的外界因子的总和"。翻译生态教学环境由大环境和小环境组成。简单来说，课堂和学校环境提供的校内翻译资源就是小环境，课堂和学校之外的社会及其提供的社会资源就是大环境。那么，文学翻译教学过程中教师主体、学生主体、教学内容、教学方法和手段、课堂和学校以及社会环境资源等生态因子的总和就构成了文学翻译教学生态总环境，环境中的各种生态因子是否和谐融洽关系文学翻译教学生态环境动态平衡的建立。在文学翻译课堂教学中，教师可以不断创设并适应新的课堂教学环境，在课堂上能够扮演多种身份，提供包括示范、评估、规划、开发、协助、供给等作用。这样既有利于形成文学翻译课堂教学的"活水效应"，规避"花盆效应"，又有利于文学翻译课堂健康有序的生态环境的构建。在信息化时代，教师在构建文学翻译教学课堂生态环境的同时，更要充分利用社会等大环境及其各种资源，以弥补课堂教学中时间短、资源相对缺乏的不足。同时，教师要鼓励学生多阅读文学文本，选取学生日常生活中感兴趣、篇幅不长的文学文本作为阅读和翻译材料，将阅读与翻译相结合，呈现一种真实的"生活化"的文学翻译教学生态。在这样的环境下，教师、学生、课程资源和教学技术之间就形成一种动态交互的关系，教师根据教学内容、学生水平、教学技术的使用条件对整个教学过程进行动态调整，以此形成文学翻译教学的动态平衡。

三、建立"事后追惩"的文学翻译教学评价体系

矩不正,不可为方;规不正,不可为圆(淮南子)。翻译活动也是如此,文学翻译如果没有一套奖惩制度加以约束和评价,将最终流于一种形式,翻译生态教学就成了一句空话。所以说,注重过程和翻译主体取向的考核评价体系是生态翻译教学系统中不可缺少的一部分。根据生态翻译教学动态平衡的要求,教师应当鼓励学生在整个文学翻译过程中变换角色,轮流充当译者、审校者和评价者,让学生充分享有"适应性选择"的自由。译文产生后,应根据翻译活动的不同类别和级别进行相应的"奖惩",形成"优胜劣汰"机制。可以从双语运用能力、翻译理论的掌握程度、翻译策略的应用等角度对平时性的翻译练习进行评析、归档,最后形成民主决策,"惩罚"或者"淘汰"一些"不适合"的译文。这种"惩罚"最终会不同程度地反映在学生的测验和期考中,形成"追惩"制度。这正是翻译生态环境自然法则的表现——适者生存原则下,对译者的行为和表现做出最后的选择。

翻译生态学视域下的文学翻译教学模式将教学目标、课程内容、翻译主客体、翻译的内外环境以及翻译评价体系等生态因子融为一体,这种教学模式一方面解放了学生译者,充分发挥学生的翻译潜力;另一方面,有效的"追惩"制度可以促使学生译者形成主体危机意识和激励机制,为学生以后的翻译工作打下坚实的基础。同时,文学翻译生态教学将现代信息技术与文学翻译教学进行常态化融合,不仅较好地帮助学生全方位了解翻译资源,提高学生的翻译能力,还通过文学文本翻译提高学生的双语运用能力。当然,任何新事物都有一个发展完善的过程,在翻译生态教学中如何对学生加强监督和引导,如何提高学生的自我监控能力和自制能力,如何建立恰当的文学翻译评判标准以及如何更加有效地实现文学翻译生态交互等方面,都还需要进一步的探讨和研究。

第六章　生态翻译学在影视翻译中的实践

第一节　影视翻译的生态意义

一、影视翻译与生态翻译学的关联

影视翻译作为跨文化传播的重要手段，在传递文化信息、推动文化交流等方面发挥着不容忽视的作用。生态翻译学强调对翻译过程中的文化生态、语言生态和翻译生态的保护和传承，与影视翻译的目标和价值观存在密切联系。本节将从以下三个方面探讨影视翻译与生态翻译学的关联。

（一）影视翻译中的文化生态保护

在全球化的背景下，文化交流变得越来越频繁，影视翻译作为重要的跨文化交流工具，在保护文化生态方面的作用尤为重要。而生态翻译学，以其独特的视角和理论方法，为影视翻译中的文化生态保护提供了新的研究路径。

文化生态涵盖了源语言文化和目标语言文化在历史、地理、社会、心理、生态环境等多维度的内容，影视翻译在传递源语言文化信息的同时，必须充分尊重并维护这些文化要素的完整性和多样性。译者在进行影视翻译时，不仅要尽可能准确地传达原作的信息，还需要注意保护和传承源语言文化生态，防止在翻译过程中发生文化冲突和误解。

尽管影视翻译的主要任务是将源语言文化信息传递给目标语言观众，但这并不意味着可以忽视目标语言的文化生态。相反，翻译过程中需要充分尊重目标语言的文化习俗和表达方式，避免在文化传播过程中产生割裂和异化现象。因此，影视翻译需要在保护源语言文化生态的同时，尽可能地适应和融入目标语言的文化生态，从而实现影视翻译文化生态的平衡。

在影视翻译中，译者应以尊重、理解和包容的态度面对不同的文化元素，避免一切可能导致文化冲突和误解的因素，尽力做到科学精准的文化传递和共享。在这种影视翻译文化生态中，源语言文化得以传播，目标语言的文化得以丰富，影视翻译的文化生态保护作用得以发挥。

（二）影视翻译中的语言生态保护

影视翻译是一种独特的艺术形式，它在传递信息和沟通不同文化之间起着重要的桥梁作用。在语言生态的保护方面，影视翻译展现了独特的价值。源语言文化中的词汇、语法和语音都反映了该语言文化的特性，包括其思维方式。在执行影视翻译的任务时，应尽可能保留这些源语言文化的独特性，从而更好地传递文化信息。

然而，影视翻译的任务并不仅仅局限于保护源语言文化的特性。在翻译过程中，译者需要充分考虑目标语言的规范和表达习惯，以尊重目标语言的语言生态。适应目标语言的表达方式并遵循其语言规范，不仅使翻译作品更容易被目标语言观众接受，也是尊重和保护语言生态的一种体现。

更为重要的是，影视翻译的目标是推动实现源语言文化和目标语言文化的和谐共生。在保护源语言文化特性和尊重目标语言规范的同时，译者需要灵活地在两者之间转换，以实现两种语言的平衡，从而促使翻译既能有效地传递和共享文化信息，又有助于推动语言的多元化繁荣发展，对维护全球的语言生态具有积极的影响。

最后，影视翻译本身也是一种语言生态教育的过程。通过优质的影视翻译，观众可以更深入地理解源语言文化和目标语言文化的特性和规范，从而在日常生活中更加尊重和保护语言生态。总的来说，影视翻译在语言生态保护中的作用不容忽视。

（三）影视翻译中的翻译生态保护

影视翻译是一种精细的工艺，它不仅需要处理原始影视内容涉及的

第六章 生态翻译学在影视翻译中的实践

语言和文化，还必须考虑多种翻译元素之间的相互关系和相互作用，这就是影视翻译生态的基本含义。影视翻译中的翻译生态涵盖了包括译者、翻译策略和翻译质量评价机制在内的一系列因素，这些因素共同影响着影视翻译的效果和质量。

译者是影视翻译过程中的关键角色，不仅需要对源语言文化和目标语言文化都有深入的理解，而且必须具备丰富的文化知识和良好的解读能力。此外，译者还需要具备一定的审美能力和创新思维，才能在保持原作精神的基础上，创造既符合目标语言规范又能打动观众的译作。因此，保护和提升译者的专业素养和创新能力，是影视翻译生态保护的重要环节。

翻译策略的选择则直接决定了影视翻译的方式和风格。是否保留源语言文化的特色，如何处理文化差异，如何处理语言表达难题，这些都是翻译过程中必须面临的问题。选择合适的翻译策略，能够有效地解决这些问题，从而实现源语言文化和目标语言文化之间的平衡与和谐，这也是影响翻译生态保护的核心目标。

影视翻译的质量评价涉及一系列复杂的因素，包括译文的准确性、通顺性、接受度和审美水平等。这些因素既受到译者的专业素养和翻译策略的影响，也受到影视作品本身的特点和目标语言观众反馈的影响。因此，建立全面、公正和科学的翻译质量评价机制，是影视翻译生态保护的重要任务。

生态翻译学提供了一个全面、系统的理论框架，为影视翻译中的翻译生态保护提供了理论支持和方法指导。在这个框架下，译者、翻译策略和翻译质量等因素不再是孤立的，而是构成了一个有机的整体，共同决定了影视翻译的过程和结果。因此，对于影视翻译生态的保护不仅有助于提高影视翻译的质量，也有助于推动影视翻译的健康和可持续发展。

对影视翻译生态的保护并不是一项由译者独立完成的任务，而是需要在全社会的共同努力下实现。在实践中，需要积极培养和引导译者，帮助他们提高专业素养和创新能力；需要研究和探索适合影视翻译的策略，使翻译过程更加顺畅和有效；需要建立科学的翻译质量评价机制，以确保影视翻译的质量。同时，也需要通过各种途径，如教育、媒体宣传和政策等，提高全社会的翻译生态保护意识，从而为影视翻译的生态保护创设良好的环境。

二、影视翻译的生态价值

影视翻译的生态价值体现在多个方面，包括保护文化多样性、丰富文化生态系统，传播人类价值观和生态意识等。以下笔者将从六个方面对影视翻译的生态价值进行详细分析。

（一）保护文化多样性

影视翻译在全球文化交流中发挥着举足重要的作用。作为跨文化传播的关键载体，影视翻译为各种文化交流提供了桥梁和平台。影视翻译的存在与实践，有效地保护了文化多样性，丰富了文化生态系统。

生态翻译学的核心理念强调对源语言文化和目标语言文化的尊重和保护。每一种文化都有其特定的环境、历史和社会背景等特性，这些特性构成了每一种文化独特的价值和意义。影视翻译的过程应当考虑这些因素，尽可能准确和全面地传达源语言文化的意义，同时避免对目标语言文化的冲击和破坏。通过这种方式，影视翻译实现了对于文化多样性的保护和传承。

影视翻译的实践让不同文化得以传播和融合。翻译是一种文化交流的过程，它使得特定文化背景的观众能够接触其他文化的影视作品，了解和学习其他文化的历史、风俗、思想和价值观等。在这个过程中，文化之间的交流和融合不断发生，推动形成丰富多样的全球文化景观。

影视翻译对文化多元化发展也具有巨大的推动作用。多样性是世界文化发展的重要动力。只有在多元文化的交流和冲击中，世界文化才能保持活力，不断创新和发展。影视翻译作为跨文化交流的重要工具，为不同文化之间的交流和碰撞提供了可能，从而推动了世界文化的发展。

影视翻译还有助于促进国与国之间的友好往来。影视作品是一种重要的文化形式，它在一定程度上反映了一国的社会现实、历史记忆和文化精神。通过影视翻译，各国观众能够了解其他国家的文化和社会现实，从而增加对其他国家和文化的理解与尊重，减少误解和冲突，增进国与国之间的友好往来。

从更深的层面看，影视翻译实质上是一种文化的生态传播行为。翻译者需要综合考虑源语言文化和目标语言文化的特性，以及观众的文化背景和接受能力，从而制定最佳的翻译策略。在这个过程中，翻译者不仅是语言的转化者，更是文化的传播者和建设者，其行为对于文化的保护和发展有着深远的影响。因此，影视翻译的生态价值不仅体现在文化交流和传播上，更体现在对文化生态的保护和构建上。

（二）传播人类价值观与生态意识

影视翻译在传播人类价值观和生态意识方面具有重要的作用。优秀的影视作品往往包含着深刻的社会思考和人类价值观，通过影视传播的形式，以更为生动、具象的方式表达出来。翻译者在传播这些作品的过程中，需要将原作的价值观和生态意识融入译作，以此提高受众的价值认知和生态意识。

生态翻译学注重在翻译过程中对人类价值观的传播和生态意识的培养。译者不仅是语言的传播者，更是文化和价值的传播者。在实际的影视翻译过程中，译者需要深入理解影视作品的社会文化背景和价值取向，然后将这些因素反映在译作中，从而向受众传播人类普遍的价值观和生态意识。

影视翻译中的价值观传播不仅仅是对影视作品源语言文化中价值观的复制或者转移，而是一种源语言文化和目标语言文化中的价值观之间的交互和对话。译者在考虑影视作品源语言文化价值观的同时，也需要考虑目标语言文化的价值取向和观众的接受习惯。在这个过程中，译者需要灵活运用翻译策略，以最大限度地达到优质的翻译效果和价值观的传播效果。

同时，影视翻译也对人们的生态意识的培养起到了重要作用。生态意识是指人们对自然环境的保护和尊重，以及对生态平衡的重视。在现代社会，随着环境问题日益突出，生态意识的培养成为一项重要的社会任务。影视翻译，特别是关于环境和生态问题的影视作品的翻译，可以有效地提高观众的生态意识，增强人们的环保意识。

（三）提升影视翻译质量

生态翻译学为影视翻译提供了一套全面、系统的指导理论，有助于提升影视翻译质量。这套理论不仅涵盖了语言的特性，而且深入到了文化的层面，体现了对源语言文化环境和目标语言文化环境的深入理解和尊重。这种指导理论让译者能够更好地把握源语言文化和目标语言文化的特点，以及影视作品的内涵与意义，从而提高影视翻译的质量。

遵循生态翻译学原则的影视翻译实践要求译者全面了解源语言文化和目标语言文化的语言特性，包括语法、词汇、语义等方面的特点。在具体的翻译过程中，译者需要依据源语言文本的语言特性和内容，结合目标语言的特性，准确地传达影视作品的内涵与意义。这样的翻译作品不仅仅是语言层面的转换，更是文化和意义层面的传递与重构，具有很高的翻译质量。

生态翻译学也强调译者在翻译过程中的主体性，鼓励译者根据实际情况灵活运用翻译策略。译者不仅是语言转换的工具，更是翻译活动的主体，译者的知识、经验、技能、情感等都会影响翻译的过程和结果。译者需要根据源语言文本的内容和风格，以及目标语言观众的需求和接受习惯，选择最恰当的翻译策略，以实现最佳的翻译效果。

在生态翻译学指导下的影视翻译，注重源语言文化和目标语言文化的互动与对话，尊重文化的多样性和独特性，而不是简单地将源语言文本转换为目标语言文本。这种翻译实践视野开阔、思维活跃，具有很高的创新性和实效性，有利于提升影视翻译的质量。

（四）促进国与国之间的友好往来与合作

影视翻译具有促进国与国之间友好往来与合作的作用。这种作用的实现主要依赖于生态翻译学的理念，即在翻译过程中尊重和保护各国文化、语言及翻译生态。生态翻译学强调源语言文化和目标语言文化的互动与对话，尊重各国文化的独特性和多样性，通过这样的方式减少文化隔阂，促进国与国之间的理解和交流。

影视翻译作为跨文化传播的重要载体，可以让不同国家的观众欣赏到优秀的外国影视作品，进一步加深对他国文化的了解和认同。这不仅提高了各国观众的文化接受度，也使各国观众在欣赏影视作品的同时，有机会了解和接触不同的文化，体验不同的价值观和生活方式，从而提高他们对异国文化的理解和认同，增进国际友谊和合作。

影视翻译在促进国与国之间友好往来和合作的作用方面，不仅体现在文化交流层面，更体现在实际的国际合作中。影视翻译作为一种专业技术，其服务对象不仅包括普通观众，也包括影视制作、发行和推广等各个环节的专业人士。在全球化的背景下，影视行业的合作日益频繁，往往涉及跨语言、跨文化的问题。在这种情况下，影视翻译不仅为各国影视作品提供了通向外界的通道，也为影视行业的专业人士提供了交流的平台，推动了国际影视合作的深化和拓展。

影视翻译还可以促进国际经济交流和合作。优秀的影视作品往往具有很高的商业价值，而影视翻译则为这些作品打开了国际市场的大门。通过影视翻译，这些作品可以进入更多国家的市场，吸引更多的观众，从而带动相关的经济活动，如旅游、商品销售等。

（五）提高全球公共文化质量

影视翻译在传播优秀影视作品的过程中，有助于提高全球公共文化质量。这一过程中，生态翻译学的理念扮演了关键角色。生态翻译学主张在翻译过程中关注影视作品的社会价值和文化内涵,这一理念指导下的翻译实践有助于推广具有积极意义的影视作品,进一步提升公共文化质量。

世界各地的观众通过影视翻译接触更多优质的外国影视作品,这不仅丰富了观众的文化视野,也有助于提高观众的文化素养。由于影视作品往往涵盖了多种文化元素,包括价值观、社会观、人生观等,观众在欣赏影视作品的同时,也有机会了解和接触不同的文化元素,从而提高自己的文化理解力和鉴赏力。

影视翻译对于全球公共文化质量的提升,还体现在其对社会价值的传播方面。优秀的影视作品往往蕴含积极的社会价值和深刻的人文关怀,这些作品通过影视翻译被更多的观众所接受,有助于推动公众对社会问题的关注,对人性的理解,对价值观的反思,从而提高全球公共文化质量。

此外,影视翻译对于全球公共文化质量的提升,还表现在文化的多元化方面。影视翻译使得各国优秀的影视作品得以跨越文化和语言的障碍,被全球观众所接受,这不仅丰富了全球公共文化的内容,也推动了文化的多元化,增强了世界文化的活力和包容性。

(六)促进影视产业的发展

影视翻译对于影视产业的发展具有重要意义。这一点首先得益于生态翻译学为影视翻译提供的理论指导,生态翻译学使得影视翻译工作能够更加专业化、系统化,进而提高影视作品的国际传播效果。

影视作品是集文化、艺术、科技等多种要素于一体的复合产品,其生产、传播和接受过程通常涉及多种语言和文化,因此,影视翻译的工作涵盖了多个层面。一方面,影视翻译要求译者具有扎实的语言功底和广泛的文化知识;另一方面,影视翻译也需要译者理解影视作品的创作背景、创作理念和审美风格等方面的内容。

生态翻译学的理念和原则对于影视翻译实践具有指导性。生态翻译学强调源语言文化和目标语言文化之间的平等性，倡导在尊重源语言文化的同时，考虑目标语言文化受众的接受能力和接受习惯，从而实现源语言文化和目标语言文化之间的和谐共生。这样的翻译实践不仅有利于提高影视翻译的质量，也有助于提升影视作品的国际传播效果。

随着影视翻译质量的提高，更多的影视作品能够在全球范围内获得关注和认可，这无疑对影视产业的发展起到了推动作用。一方面，影视翻译使得优秀的影视作品得以跨越文化和语言的障碍，进入全球市场，吸引更多的观众，从而带来更大的市场收益。另一方面，影视翻译也使得各国观众有机会了解和接触外国的影视作品，从而刺激公众的观影需求，进而推动影视市场的发展。

此外，影视翻译还促进了各国影视产业的国际化。随着全球化进程的推进，各国影视产业也日益国际化，而影视翻译正是这一过程的重要推动力。通过影视翻译，影视作品可以在全球范围内传播，产生国际影响力，吸引国际投资和合作，从而推动各国影视产业的国际化进程。

本节通过分析影视翻译与生态翻译学的关联，以及影视翻译的生态价值，揭示了生态翻译学在影视翻译实践中的重要意义。生态翻译学为影视翻译提供了全面、系统的理论指导，既有助于提高翻译质量，也有利于实现对文化多样性的保护和传承，进一步促进国与国之间的友好往来和合作，提高全球公共文化质量，推动影视产业的发展。因此，将生态翻译学应用于影视翻译实践具有重要的理论意义和实践价值。

第二节　英语影视作品翻译案例分析

在这一节中，笔者将分析几个有关英语影视作品的翻译案例，以展示生态翻译学在影视翻译领域中的应用和价值。笔者将重点关注以下几个方面：语境的考虑、文化差异的处理、口语和俚语的翻译，以及情感和幽默的传递。希望通过这些案例分析，读者能够更好地理解生态翻译学在影视翻译实践中的具体应用。

案例1：电影《阿甘正传》

《阿甘正传》是一部涉及美国历史上重大事件的电影，通过阿甘这个角色，展示了美国社会的变迁。在翻译过程中，译者需要充分考虑影片的语境，以及角色之间的关系和文化背景。

语境的考虑：在影片开头，阿甘在公交车站等车时，他拿出一盒巧克力，说："Life was like a box of chocolates, you never know what you're gonna get."这句台词是电影的一个关键瞬间，表达了阿甘对生活的理解和态度——生活充满了未知和惊喜。此处，"Life"和"a box of chocolates"之间的隐喻关系非常重要，说明阿甘虽然智商不高，但对生活有独到的理解。译者将台词翻译为，"生活就像一盒巧克力，你永远不知道你会得到什么"，成功地保留了原文的隐喻关系，同时在语言上也符合中文的表达习惯，既准确地传达了原文的含义，又让中文观众能理解阿甘的人生哲学。

文化差异的处理：影片中，阿甘参加越战，与其他士兵一起吃饭。其中一名士兵问阿甘："Hey, Gump! Have you ever been on a shrimp boat?"阿甘回答："No, but I've been on a real big boat."这段对话揭示了阿甘与其他士兵之间的文化和生活经历差异。"shrimp boat"和"real big boat"代表了两种截然不同的生活方式和经历，译者将对话翻译为："嘿，阿甘！你坐过虾船吗？""没有，但我坐过很大的船。"这样的翻译既传达了原文的含义，又巧妙地展示了文化差异，让中文观众能理解阿甘的背景和他的不同之处。

口语和俚语的翻译：影片中，阿甘的妈妈曾经说过："Stupid is as stupid does."。这句话是典型的来自美国乡村的谚语，字面意思是，"傻瓜做的就是傻事"。但实际上，这句话表达了一种人生哲学，即一个人的智慧并不取决于他的智商，而是取决于他的行为。译者将这句话翻译为"傻人有傻福",这样的翻译既符合中文的口语表达习惯,又成功地保留了原文的语言特点和深层含义,使中文观众能理解这句话的哲学意味。

情感和幽默的传递:影片中,有一段对话是这样的:"Lieutenant Dan, what are you doing here?" "I'm here to try out my sea legs." "But you ain't got no legs, Lieutenant Dan." "Yes, I know that."。在这里,"sea legs"原指在船上行走的稳定性,但在这个语境下却带有讽刺和幽默的意味。译者将对话翻译为:"丹尼尔中尉,你来这里做什么?""我来试试我的海上腿。""可是你没有腿,丹尼尔中尉。""是的,我知道。"这样的翻译既保留了原文的幽默感,又成功地传达了角色之间的情感,让中文观众能感受到电影的幽默和人性的温暖。

案例 2:电视剧《老友记》

《老友记》是一部经典的美国情景喜剧,以其幽默、轻松的氛围和对人际关系的描绘而著称。在翻译过程中,译者需要关注角色之间的关系、对话中的幽默和情感,以及一些与美国文化相关的元素。

语境的考虑:在一集中,钱德勒和莫尼卡争论他们的宠物狗是否应该留在客厅。钱德勒说:"He's a living thing!" 莫尼卡回答:"A fern is a living thing!" 在这里,"fern"作为一种植物,与"狗"形成对比。译者将对话翻译为:"它是一个活生生的生物!""蕨类植物也是活生生的生物!"这样的翻译既保留了原文的对比关系,又符合中文表达习惯。

在剧中,乔伊有一句经典台词:"How you doin'?"这是他的招牌搭讪语。译者将其翻译为"你好吗?",简洁明了,符合中文表达习惯。

文化差异的处理:在一集中,罗斯向瑞秋表白时,他说:"I'm in love with you, Rachel. It's like I'm always stuck in second gear." 这里的"stuck in second gear"是一种美国俚语,表示处于困境。译者将这句话翻译为:"我爱你,瑞秋。感觉就像我一直陷在泥潭里。"这样的翻译既保留了原文的美国俚语特点,又使中国观众易于理解。

在剧中，有一集是关于感恩节的，这是美国的一个重要节日，但在中国并无直接对应的节日。译者通过注释，帮助观众理解这一文化现象。

口语和俚语的翻译：在一集中，菲比说："I'm gonna go get one of those 'job' things."。这里的"job things"是一种口语表达，表示一份工作。译者将这句话翻译为："我要去找一份那种'工作'的东西。"这样的翻译既符合中文表达习惯，又保留了原文的口语特点。

在剧中，钱德勒有一句台词："Could I be more obvious？"这是他的口头禅，用于强调自己的观点。译者将其翻译为，"我还能再明显点儿吗？"，保留了原文的口语和俚语特点。

情感和幽默的传递：在一集中，乔伊向钱德勒借钱时说："Could I be any more broke？"这里，乔伊用了一种夸张的表达方式，传达他的困境。译者将其翻译为："我还能再穷点儿吗？"这样的翻译既保留了原文的幽默感，又成功地传达了情感。

在剧中，瑞秋和罗斯的关系是一条重要的情感线，他们之间的互动充满了幽默和甜蜜。例如，罗斯对瑞秋说："I'm over you."（我已经忘记你了），但他的行为却恰恰相反。译者将其翻译为"我已经忘记你了"，并通过罗斯的行为，成功地传达了幽默和情感。

案例3：电影《哈利·波特》系列

《哈利·波特》系列电影是根据英国作家J.K.罗琳创作的一系列魔幻小说改编的电影版，其中充满了丰富的文化元素和魔法世界的专有词汇。

语境的考虑：在《哈利·波特》系列中，哈利经常使用的咒语"expelliarmus"是一个重要的元素。这个咒语用于使对手的魔杖飞出手，是哈利和其他角色在魔法决斗中常用的策略。这个咒语的字面含义在英文中是"驱逐武器"。译者将其翻译为"飞了吧"，成功地保留了原文的含义，同时也符合中文表达习惯，使得中文观众能理解哈利在使用这个咒语时的动作和意图。这种翻译方法既保留了原文的语境，又使中文观众能够理解和欣赏这个咒语的实际效果。

文化差异的处理：在《哈利·波特》的魔法世界中，"diagon alley"是一个非常重要的地方，它是魔法世界的主要购物区。在英文中，"diagon alley"和"diagonally"（对角地）在发音上很接近，形成了一种语言的幽默效果。译者将其翻译为"对角巷"，既保留了原文的发音玩笑，又适应了中文的表达方式，使得中文观众能够感受到原文的幽默感，并理解这个地方的特殊含义。

口语和俚语的翻译：在《哈利·波特》的魔法世界中，"muggle"是一个专有词汇，用来描述那些不懂魔法的普通人。这个词在原文中带有一种轻蔑和疏远的感觉。译者将其翻译为"麻瓜"，既保留了原文的口语和俚语特点，又符合中文的发音和表达习惯，使得中文观众能够感受到这个词语所包含的语言特色和文化内涵。

情感和幽默的传递：在《哈利·波特与魔法石》中，当海格向哈利揭示他的身份时说："You're a wizard, Harry."，这是整个系列的转折点，也是对哈利·波特身份的确认，具有重要的情感价值。译者将其直接翻译为："哈利，你是个巫师"，简洁而准确，成功地传达了这个场景中的情感和重要性，使得中文观众能够感受到哈利·波特的身份转变，以及他为自己将步入一个全新的魔法世界的震撼和激动。

案例4：电影《星球大战》系列

《星球大战》是深受全球影迷喜爱的科幻电影系列，它构建了一个包含丰富的异域文化和专有词汇的宇宙世界。其中涉及大量的跨文化翻译和语境考量，以及对口语、俚语和情感传递的处理。

语境的考虑：在《星球大战》中一句具有重要意义的台词是尤达大师对卢克·天行者的告诫："Do or do not. There is no try."。这句台词源于《星球大战5：帝国反击战》，在训练卢克·天行者成为绝地武士的过程中，尤达大师用这句话鼓励他，强调了一种坚决的决心和行动，它反映了绝地武士的决心和勇气，不做任何的妥协和尝试，只有做或者不做。这句台词被译者翻译成:"做,或者不做,没有试试看。"译者保持了原句的简洁和力量感,准确地传达了尤达大师的教诲,也反映出绝地武士的行事风格和价值观。同时,这句台词也深入人心,成为许多人面对挑战时的座右铭,这句台词传达的积极、坚定的精神鼓舞了全世界的观众。这种翻译既保留了原文的语境,又成功地展示了主角的决断和毅力,使得中文观众能更深入地理解这部电影。

文化差异的处理:影片中有许多虚构的种族和星系,诸如"jedi""sith""tatooine"等。这些都是《星球大战》独有的文化元素和专有词汇。在翻译过程中,译者基本保持了其原有的形式,以维持其原有的异域感。比如,"jedi"被译为"绝地武士","sith"被译为"西斯","tatooine"被译为"塔图因"。这样的翻译策略既尊重了原作的文化背景,又避免了因过度译介而导致的文化误读。

口语和俚语的翻译:在影片中,部分角色有时会使用一些星际俚语,这些俚语是《星球大战》所构建的世界的一部分,它们增加了人物的真实性,也丰富了影片的语言风格。比如汉·索罗(Han Solo)说的:"Chewie, we're home.",这句话是汉·索罗对他的朋友丘巴卡(Chewbacca)的温馨的说话,表达了他们回到了久违的家园的喜悦和感动。译者将其翻译为"楚伊,我们回家了。",成功地保留了原文中人物昵称的口语化特点,也传达出了对话的情感。

情感和幽默的传递:影片中,C-3PO是一个提供幽默元素的角色,他经常说出一些滑稽的话,为影片增添乐趣。例如他说:"I'm not much more than an interpreter and not very good at telling stories."这句话表达的是C-3PO的自嘲,即其作为一个机器人,虽然具有高级的语言翻译能力,但在讲故事方面并不擅长。译者将其翻译为"我不过是个翻译机器人,讲故事可不在行",这样的翻译既保留了原文的幽默感,又成功地传达了C-3PO的自我评价及其独特个性。通过这样的翻译,观众不仅能理解C-3PO的言辞,也能感受到它的机智和幽默。

案例 5：电视剧《权力的游戏》

《权力的游戏》是一部描绘中世纪世界的奇幻电视剧，其中充满了丰富的文化元素和复杂的人物关系。

语境的考虑：剧中有一句经常被引用的台词："Winter is coming."，这是史塔克家族的座右铭，预示着未来的困难和战争。译者将其翻译为"冬天来了"，简洁直接，符合中文表达习惯。

文化差异的处理：在剧中，有很多关于骑士道义等具有中世纪文化色彩的内容，译者在处理这些内容时，尽可能保持其原始的文化色彩，同时加入注释帮助观众理解。

口语和俚语的翻译：剧中有一些角色，如桑德尔·克里冈，他在对话中充满了口语和俚语。比如，他说的一句台词："I'm not a knight."，译者将其翻译为"我不是骑士"，简洁而精准。

情感和幽默的传递：虽然《权力的游戏》整体氛围较为严肃，但剧中也不乏幽默元素。比如提利·昂·兰尼斯特常常用讽刺和自嘲减轻紧张的气氛，例如他说的："I drink and I know things."。译者翻译为，"我只懂得喝酒和知道一些事情"。这样的翻译既保留了原文的幽默感，也成功地传达了提利·昂·兰尼斯特的自嘲和聪明才智。

以上案例分析，可以看到生态翻译学在影视翻译中的应用和价值。译者需要根据不同的语境、文化差异、口语和俚语以及情感和幽默等因素进行适当的调整与取舍，以使译文更贴近原文的含义和表达，同时也使目标语言的观众能够更好地理解和欣赏这些影视作品。生态翻译学为影视翻译提供了一种全面、细致的翻译方法，有助于提高翻译质量，更好地传递影视作品的文化内涵和审美价值。

第三节　生态翻译对影视翻译的贡献

生态翻译学是一种将翻译视为生态系统的理论，强调译者在处理语境、文化、情感等因素时的责任感。这种理论对影视翻译有着广泛的应用价值。在影视翻译中，译者需要从视觉、听觉、文化等多个层面理解源语言，通过对语境和表达方式的选择，以及对情感和口语等方面的处理，才能尽可能地重现源语言的意图。本节将详细探讨生态翻译对影视翻译的贡献，并通过案例分析展示其效果。

一、语境的考虑

在影视翻译过程中，语境扮演了关键的角色。对于语境的考虑包括理解对话的背景、角色的关系、角色的个性以及情节的发展等多个方面。一位深度理解语境的译者，能够更准确地把握源语言的含义，使译文能更贴近原文的意图。

例如在电视剧《权力的游戏》中，艾德·史塔克对他的儿子罗柏说："The things we do for love."。这句话背后隐藏了复杂的情感和深远的含义，它不仅是父子间的忠告，也预示了接下来的剧情。翻译者将其译为："我们为爱做的事情"，成功捕捉了这句话的语境和含义，让目标语言的观众能够理解原作中的复杂情感和情节。

二、文化差异的处理

影视作品作为文化的一种载体，往往融合了大量的文化元素，如历史背景、社会习俗、节日风俗等。生态翻译学强调在尊重源语言文化的同时，尽可能使目标语言观众能够理解和接纳这些文化元素。

电影《卧虎藏龙》是一部反映中华武侠文化的代表作，它融入了许多中国传统文化元素。在这部影片中，李慕白对玉娇龙说："青青子衿，悠悠我心。"引用自《诗经》的诗句,被主角李慕白用来表达对玉娇龙深深的思恋之情。这句诗本身充满了古典文化的韵味,语言优美,意境深远。然而,对于欠缺中国传统文化背景的观众来说,这样的古诗可能是难以理解的。因此,译者在翻译时,需要做出一定的文化调适,使其既能保留原文的文化特色,又能被目标语言的观众所接受和理解。译者将"青青子衿,悠悠我心。"翻译为"Green, green the robe I wear; long, long is the love I bear.",在保持原诗句节奏和韵味的同时,也通过"green"与"long"的反复使用,成功地传达了诗句的意境和情感。"Green, green the robe I wear",既可理解为对李慕白着装的描述,又象征他的青涩、年轻和热情;"long, long is the love I bear",则表达了他对玉娇龙深深的思恋之情。因此,这种翻译既保留了原文的韵味和情感,又使得西方观众能够理解和欣赏中国古典诗词的魅力,是一种成功的文化翻译策略。

在电影《哈利·波特与魔法石》中,有一句台词是:"You're a wizard, Harry."。这是海格对哈利·波特的一句重要告知,标志着哈利将步入魔法世界。在翻译时,译者将其译为:"哈利,你是个巫师。"在西方,"wizard"通常指的是擅长魔法的男性,其文化内涵与中国的"巫师"很接近,所以直译为"巫师"既保留了原文的信息,又可以被中国观众理解。但在这里,"巫师"不仅是哈利的身份,也是他的命运和个人历程的象征。这样的翻译成功地传达了原文的情感含义,使中国观众能够理解哈利这个角色的复杂情感和他的成长历程。

在电影《星球大战》中,有一句经典的台词是:"May the force be with you.",这是影片中的一句重要祝福语,其含义是祝愿你能拥有原力(force)的指引和保护。原力是影片世界观中的核心概念,象征着宇宙中的生命力量和道德力量。在翻译时,译者将其译为:"愿原力与你同在。"这样的翻译既保留了原文的直接含义,又成功地将"原力"这一概念介绍给了中国观众。通过这种翻译,中国观众不仅能理解这句台词的表面意义,也能理解原力在影片世界观中的重要性。这样的翻译策略有效地弥补了中国观众与源语言文化的距离,使中国观众能够深入理解和欣赏这部电影。

三、口语和俚语的翻译

影视作品中的对话通常具有口语化和地域性特点,译者需要在翻译过程中处理好这些口语和俚语,使译文既保留原文的味道,又符合目标语言的表达习惯。

在美剧《生活大爆炸》中,有一句台词:"Bazinga!"。这是谢尔顿在开完玩笑后,用来突显其幽默感的标志性口头禅。对这个词的翻译,就需要译者充分理解角色特点和剧情语境,并在此基础上做出创新。为了保持谢尔顿这一角色的特色,译者将这个词翻译为:"哗众取宠!",这种翻译既保留了原文的口语化风格,又成功传达了谢尔顿的个性和幽默感,使得中文观众能更好地理解和欣赏这部剧。

在美剧《绝命毒师》中,主角沃尔特·怀特有一句经典的台词:"I am the one who knocks!",这句台词出现在他角色转变的一个关键时刻。在英文原句"I am the one who knocks!"中,"the one who knocks"的意思并非只是字面上的"敲门的人",而是有着更深一层的含义。在美国的习语中,这个短语经常被用来指代那些掌握主动权、能对他人产生直接影响的人。在此情境中,怀特是在对他的妻子表明,他不再是一个被动、软弱的人,而是能主导自己命运的人。译者将这句话翻译为"敲门的人,就是我!",巧妙地保留了原文的句式结构和隐含的意思,成功地传达了怀特在这个时刻的强大决心和气场,表明他不再害怕,而是愿意主动迎接挑战,甚至决定自己的命运。这个转变是整体剧情发展的重要部分,译者的这种翻译成功地帮助中文观众理解和体验这个重要时刻。另外,翻译者还通过"敲门"的动作,象征性地展示了怀特对他人的影响和主导力,因为在现实生活中,"敲门"的人往往是那些要求他人开门甚至打断他人生活的人,这种象征性的用语使得翻译更加深入、生动。

所以，这种翻译既保留了原文的语境含义，又成功地展示了主角的霸气和决断，使得中文观众能更深入地理解这部剧。

《神秘博士》这部剧经常使用一些非常特殊甚至有点儿滑稽的术语，以描述科幻元素和复杂的时间旅行概念，其中"Wibbly wobbly, timey wimey...stuff"是博士描述时间旅行的复杂性和无法预测性的一个典型例子。在英文原句中，"wibbly wobbly"和"timey wimey"都是以口语化、戏谑的方式，表示时间不是一种线性、稳定的存在，而是一种可以弯曲、扭曲甚至回环的复杂现象。这种表达方式非常符合博士的个性，他通常会用轻松、幽默的态度看待严肃、危险的事情。在译者将这句话翻译为"摇摆不定，时空纠缠之类的"时，精心保留了原文的轻松、戏谑的语气和隐含的意思。"摇摆不定"很好地传达了"wibbly wobbly"的含义，表示时间的不稳定性和变动性，而"时空纠缠"则很好地表达了"timey wimey"的含义，表示时间的复杂性和纠结性。此外，这种翻译还通过"之类的"这个句式，保留了原文中"stuff"的含义，表示博士对时间旅行的看法既复杂又随意，而这种表达方式也更符合博士的个性。所以，这种翻译既保留了原文的口语化和诙谐的风格，又成功地传达了博士的个性和他对时间旅行的独特理解，使得中文观众能更好地理解和欣赏这部剧。

四、情感因素的传达

影视作品中的情感表达是吸引观众的重要因素。译者需要在翻译过程中注意情感因素的传达，使译文能够真实地反映角色的情感。

在电影《泰坦尼克号》中，有句台词出现在一段极其感人的情节之中：杰克救了露丝后，由于救生艇的缺乏，他俩只能漂浮在冰冷的大西洋中，而杰克却让露丝躺在唯一的救生门板上，自己浸在冰冷的海水中；他们彼此告别的时候，露丝向杰克承诺，"I'll never let go, Jack. I'll never let go."。在这里，"I'll never let go"有两层含义，一是字面上的露丝决心抓紧门板不放手，以保护自己的生命安全；二是象征性的含义，表示露丝无论发生什么，都不会忘记杰克，不会放弃他们之间的爱。译者将这句话翻译为，"杰克，我永远不会放手。永远不会"，成功地保留了这两层含义，使观众能够体会到露丝的坚定和深情。同时，这句译文通过重复的"永远不会"，突出了露丝的决心和承诺，使得她的情感表达更加强烈、深沉。这不仅使露丝人物形象更立体，还成功地增强了这个场景的戏剧效果和冲击力，使得这个情节在观众心中留下了深刻的印象，成为电影的一大经典片段。因此，译者的这种翻译方法既保留了原文的情感深度和象征性含义，又成功地传达了角色的情感，展示了她的决心和承诺，使得观众能够深入地理解这个情节和角色，更好地体验电影的魅力。

在美剧《老友记》中，菲比在评论瑞秋与露丝的爱情时说："He's her lobster!"，这是非常具有个性化和情感色彩的表达，源自一种观点，即龙虾一旦找到伴侣就会终身厮守。译者将其翻译为："他是她的龙虾！"这种翻译既保留了原文的情感色彩，也使得中文观众能理解瑞秋的深情。

在电影《当哈利遇到莎莉》中，莎莉在片尾向哈利坦白自己的感情时说："I hate you, Harry. I really hate you."。虽然字面上这句话充满了仇恨的情感，但在剧情的语境下，莎莉其实是在表达自己对哈利深深的爱意。译者将其翻译为："我恨你，哈利，我真的很恨你。"这种翻译既保留了原文的情感反转，也成功传达了莎莉内心的真实感受，使得观众能更好地理解和欣赏这部电影。

综上所述，生态翻译对影视翻译的贡献较为突出。译者应充分考虑语境、文化差异、情感等因素，以实现源语言与目标语言之间的平衡，使译文更贴近原作品的精神内涵。在翻译过程中，译者需要不断提高自己的综合素质，积累更丰富的实践经验，以便更好地运用生态翻译理论，为观众提供高质量的影视翻译作品。

第七章 生态翻译学在科技翻译中的实践

第一节 科技翻译的生态特点

科技翻译是一种具有鲜明生态特点的翻译类型。与其他的翻译领域相比,科技翻译更加注重专业性、准确性和可靠性。在科技翻译过程中,译者需要充分运用生态翻译学的理念,关注语言、文化、专业知识等多方面因素,以实现源语言与目标语言之间的平衡。本节将深入分析科技翻译的生态特点,并从多个方面探讨如何科学运用生态翻译理论提高科技翻译质量。

一、专业性

科技翻译的专业性是其最重要的生态特性之一。这一特性要求译者不仅需要对源语言有深入理解,同时还需要对科技领域有深入了解,以便将技术内容准确、清晰地翻译成目标语言。科技翻译的专业性建立在译者深厚的科技背景知识、丰富的科技词汇库,以及扎实的源语言和目标语言能力的基础之上。同时,译者还需要具备快速学习和适应新科技知识的能力,以便跟上科技发展的步伐。

科技翻译的专业性体现在译者的科技背景知识方面,包括译者对科学原理的理解、对科技研究方法的掌握、对科技文献的阅读理解能力等。译者需要对自身翻译的科技领域有深入的了解和认识,才能准确理解科技内容,精确翻译科技术语。

科技翻译的专业性体现在译者的科技词汇库方面。科技领域有很多专业的术语和表达方式,译者需要熟悉这些词汇和表达方式,才能准确、流畅地进行翻译。而这就需要译者进行大量的阅读和学习,不断扩大自己的科技词汇库。

科技翻译的专业性也体现在译者的源语言和目标语言能力方面。科技翻译不仅要求译者对源语言有深入的理解,也要求译者能熟练使用目标语言。这既包括语法和语言结构的掌握,也包括对对词汇和表达方式的熟练运用。译者需要不断提高自己的语言能力,以提高科技翻译的准确性和流畅性。

二、准确性

在科技翻译中,准确性是一个核心要素。科技领域的内容往往高度专业化,其中涉及的信息、数据、原理等细节的准确性对科研工作的影响可能是巨大的。因此,译者必须准确地理解和翻译科技内容,以确保译文的准确性和可靠性。这种准确性涉及基本词汇的准确性、语法的准确性、语境的准确性、术语的准确性,以及科技概念的准确性等多个方面。

基本词汇的准确性是科技翻译的基础。这要求译者必须具备丰富的词汇知识,既要掌握源语言的词汇,也要掌握目标语言的词汇。并且,译者还需要理解每个词汇在特定科技领域中的具体含义和用法,以保证词汇的准确性。

语法的准确性在科技翻译中也是非常重要的。科技翻译的语言表达需要严谨,一处小小的语法错误可能就会导致信息的偏差,甚至完全改变原文的意思。因此,译者需要熟悉并掌握源语言和目标语言的语法规则,并在翻译过程中严格遵守这些规则。

语境的准确性则涉及译者对于科技文献中的环境、背景和条件的理解。科技翻译并非简单的字面翻译,而是需要在了解科技文献的整体语境的基础上,进行精确的翻译。这就需要译者具备丰富的科技知识和良好的阅读理解能力。

术语的准确性是科技翻译的关键。不同的科技领域都有自己特定的术语体系,而这些术语往往包含了特定的科技概念和信息。译者需要深入了解这些术语的含义和用法,才能准确地翻译这些术语。

科技概念的准确性则涉及译者对于科技理论和科学原理的理解。在翻译过程中，译者不仅需要翻译文字，更需要翻译科技概念。这就需要译者具备深厚的科技理论知识，才能准确理解和翻译这些概念。

三、可靠性

在科技翻译中，可靠性是至关重要的。可靠性既体现在译者能在规定的时间内完成高质量的翻译任务，也体现在翻译过程中的一致性，以及译者解决翻译问题的能力。这需要译者具备扎实的科技领域专业知识和翻译技能，良好的时间管理能力，以及强大的问题解决能力。

完成高质量的翻译任务是科技翻译的基本要求。这需要译者具备深厚的专业知识，以理解和分析原文中的科技内容。同时，译者还需要具有优秀的翻译技能，能够准确、清晰、简洁地将科技内容转化为目标语言文本。此外，译者还需要具备良好的时间管理能力，能够在规定的时间内完成翻译任务。这不仅需要译者有高效的工作习惯，也需要译者有足够的耐心和毅力，能够在面对复杂和困难的翻译任务时，保持冷静和专注。

保持翻译过程中的一致性是科技翻译的重要环节。这主要体现在译者对基本词汇、术语和概念的使用上。在整个文本中，相同的基本词汇、术语和概念应该被翻译为相同的基本词汇、术语和概念，以保持信息的一致性和准确性。为了做到这一点，译者需要建立并维护自己的基本词汇和术语库，同时，译者还需要掌握源语言和目标语言中的科技术语与概念。

四、语言风格

在科技翻译中，语言风格也是一个举足轻重的因素。由于科技文献的目的是传递精确、客观的信息，因此，这类文献通常采用一种严谨、精确、无情感化的语言风格。这种风格要求译者在翻译过程中尽量避免模棱两可或过于情感化的表达，同时，译者还需要准确地遵循目标语言的语法规则和语言习惯。这不仅要求译者具备深厚的语言知识,还需要译者具备良好的语感和审美能力。

保持严谨的语言风格是科技翻译的基本要求之一。严谨的语言风格主要体现在几个方面:一是在词汇的选择上,译者需要选择精确、专业的词汇,避免使用含糊不清或过于随意的词汇;二是在语句的构造上,译者需要构造清晰、连贯的句子,避免使用过于复杂、冗长的句子;三是在语法的使用上,译者需要严格遵循语法规则,避免语法错误。

适应目标语言的语法规则和语言习惯是科技翻译的一个重要要求。每种语言都有自己的语法规则和语言习惯,译者需要熟悉这些规则和习惯,并在翻译过程中准确地加以应用。这不仅可以保证译文的准确性,还可以提高译文的可读性和接受度。为了达到这一目标,译者需要有深厚的语言知识,包括语法知识、词汇知识、修辞知识等。

译者具备良好的语感和审美能力也是科技翻译的重要条件。语感是指对语言的直观理解和感受,审美能力则涉及对语言的鉴赏。虽然科技翻译强调精确和客观,但这并不意味着译文不需要美感。相反,美观、流畅的译文可以增加读者的阅读兴趣,提高信息的接收效率。因此,译者需要有良好的语感和审美能力,以提供既精确又美观的译文。

五、文化差异与跨文化交流

科技翻译不仅仅是语言之间的转换,同时也涉及文化的交流和理解。翻译者必须考虑不同国家和地区的科学研究成果背后的文化差异,并在翻译中保留原文的文化特色。这就要求译者具备跨文化交流的能力,理解和尊重不同文化背景下的科技文献。译者还需要具备较强的跨文化敏感性,能够察觉和处理文化差异可能引发的问题。

了解和尊重文化差异在科技翻译中必不可少。每一国家和地区的科学研究成果都深受其文化背景的影响。这种影响可能体现在科学术语的使用上,也可能体现在科学理念和方法的选择上。因此,译者需要有足够的知识和理解力，以认识和尊重这些文化差异。译者需要理解原文中的文化特色，并尽可能地在译文中保留这些特色。

跨文化交流的能力对于科技领域的翻译者来说非常重要。科技翻译不仅需要将科学信息从一种语言转换为另一种语言，还需要使具有不同文化背景的人们能够借助翻译文本进行交流。译者需要有能力理解源语言文化和目标语言文化，并能够帮助不同文化背景的人群之间进行有效的沟通。这需要译者具备丰富的文化知识、敏锐的观察力，以及高效的沟通技巧。

此外，译者还需要具备较强的跨文化敏感性。由于文化差异，翻译过程中可能会出现各种问题，如误解、偏见、文化冲突等。译者需要有能力察觉这些问题，并采取适当的策略进行处理。这需要译者具备高度的敏感性，以及富有创造性的问题解决能力。

在科技翻译中，译者不仅是语言的传递者，也是科学文化的传播者。译者需要用自己的知识和技能，将不同文化背景下的科学信息准确地传递给目标读者。同时，译者也需要在这个过程中促进不同文化背景人群的交流和理解，从而提高科技翻译的质量和传播效果。

六、可读性与可理解性

可读性与可理解性在科技翻译中的重要性不言而喻。科技文献通常充满了丰富的科技信息，包含了复杂的概念和专业术语。因此，翻译者在确保译文的准确性和专业性的同时，必须致力于提高译文的可读性和可理解性。这需要翻译者用清晰、简洁的语言表达复杂的科技信息，使得译文对于目标读者来说易于理解，同时还需要关注目标读者的需求和背景知识，以提供高质量的科技翻译。

可读性是指文本的易读性，涉及词汇、句法、段落结构等方面。一篇具有高可读性的译文可以帮助读者轻松地阅读和理解文本，从而提高信息的接收效率。在科技翻译中，由于原文通常含有大量的专业术语和复杂的概念，因此，提高译文的可读性尤为重要。翻译者需要选择恰当的词汇，构造清晰、连贯的句子，使用简明的段落结构，以提高译文的可读性。同时，翻译者还应该注意保持译文的连贯性和一致性，避免使用过于冗长、复杂的句子和段落。

可理解性是指文本的易理解性，涉及信息的清晰性和逻辑性。一篇具有高可理解性的译文可以帮助读者准确、快速地理解文本中的信息。在科技翻译中，翻译者需要深入理解原文的内容，准确地传达其含义，以确保译文的可理解性。同时，翻译者需要考虑目标读者的背景知识和需求，使用目标读者熟悉的语言和表达方式，以提高译文的可理解性。

然而，提高译文的可读性和可理解性并不是容易完成的任务。翻译者不仅需要深入了解原文的内容，也需要了解目标读者的需求和背景知识。这就要求翻译者具备广泛的知识、良好的语言能力，以及敏锐的观察力和判断力。这也要求翻译者持续地学习，不断提高自己的翻译技能和专业知识素养。

七、协作与创新

协作与创新在科技翻译中占据着十分重要的地位。科技翻译不仅涉及词句层面的转换，还涉及对多学科知识的翻译。这就要求译者必须具备团队合作的精神，与其他领域的专家一起，协同解决翻译过程中的各种问题。同时，鉴于科技领域知识的广泛性和知识更新的快速性，创新精神对于科技领域翻译者也是必不可少的品质。

在译者的日常工作中，团队协作的意义尤为重要。科技文本常常涵盖各种深度和复杂度的专业知识，一位译者往往难以全面掌握。这时，与其他专业领域的专家展开合作就显得尤为重要。这种合作可能涉及与原文作者交流，以理解其科技观点的深层含义；也可能涉及与同行译者交流，以协商译文中的语言表达和专业术语。此外，团队协作还可以提高科技文献的翻译效率，确保译文的质量。因此，团队合作精神是科技领域翻译者必备的素质。

另一方面，科技领域的知识更新换代非常快，每天都有新的科研成果出现，新的专业术语和概念不断涌现。在这种情况下，译者需要具备创新精神，不断学习新的知识，掌握新的翻译技巧，以适应科技领域的发展。创新精神不仅体现在学习新知识方面，也体现在解决翻译问题方面。面对新的科技术语和概念，译者需要具有创新性的思维，找出最佳的翻译方案。同时，面对翻译过程中的困难和挑战，译者需要具有创新性的策略，提出有效的解决方案。

第二节　英语科技文献翻译案例分析

英语科技文献翻译需要译者具备专业知识、翻译技巧和跨文化交流能力等基本条件。本节将通过多个案例分析，探讨英语科技文献翻译中的常见问题及其解决策略。

一、术语翻译

案例1：A rolling-element bearing, also known as a rolling bearing, is a bearing which carries a load by placing rolling elements (such as balls or rollers) between two bearing rings called races.（摘自 *Mechanical Engineering*）

问题：这句话涉及多个专业术语，如"rolling-element bearing""rolling bearing""load""rolling element""race"等。

解决策略：译者需要查阅相关资料，了解这些术语的中文对应词汇。例如，"rolling-element bearing"可译为"滚动元件轴承"，"rolling bearing"可译为"滚动轴承"，"load"可译为"负荷"，"rolling element"可译为"滚动元件"，"race"可译为"滚道"。

译文：滚动元件轴承，又称滚动轴承，是一种通过在两个被称为滚道的轴承环之间放置滚动元件（如滚珠或滚子）承载负荷的轴承。

案例2：Renal cell carcinoma (RCC) with sarcomatoid component carries a poor prognosis. Immune checkpoint inhibitors (ICIs) have been approved for the treatment of metastatic RCC, but their efficacy in patients with sarcomatoid component is not known.（摘自 *Oncoimmunology*）

问题：这句话涉及多个专业术语，如"renal cell carcinoma (RCC)""sarcomatoid component""prognosis""immune checkpoint inhibitors (ICIs)""metastatic RCC"等。

解决策略：译者需要查阅相关资料，了解这些术语的中文对应词汇。例如，"renal cell carcinoma (RCC)"可译为"肾细胞癌"，"sarcomatoid component"可译为"肉瘤样成分"，"prognosis"可译为"预后"，"immune checkpoint inhibitors (ICIs)"可译为"免疫检查点抑制剂"，"metastatic RCC"可译为"转移性肾细胞癌"。

译文：带有肉瘤样成分的肾细胞癌（RCC）预后不良。免疫检查点抑制剂（ICIs）已被批准用于治疗转移性肾细胞癌，但其在带有肉瘤样成分的患者中的有效性尚不清楚。

案例3：In the field of computer science, artificial intelligence (AI), sometimes called machine intelligence, is intelligence demonstrated by machines, in contrast to the natural intelligence displayed by humans and animals.（摘自 *Artificial Intelligence: A Modern Approach*）

问题：这句话涉及计算机科学领域的专业术语，如"artificial intelligence (AI)"和"machine intelligence"。

解决策略：译者需要查阅相关资料，了解这些术语在中文中的标准译法。例如，"artificial intelligence (AI)"可译为"人工智能（AI）"，"machine intelligence"可译为"机器智能"。

译文：在计算机科学领域，人工智能（AI），有时称为机器智能，是指机器所表现出的智能，与人类和动物所展示的自然智能形成对比。

二、长句处理

案例1：The use of self-assembling monolayers (SAMs) on metal substrates has become a versatile strategy for creating a wide variety of functional interfaces, enabling the design of novel materials and devices with tailored properties for applications in diverse fields such as electronics, sensing, catalysis, and biotechnology.（摘自 *Chemistry - A European Journal*）

问题：这是一个长句，包含多个从句和修饰语。直接翻译可能导致译文难以理解。

解决策略：译者可将长句拆分为多个短句，以提高译文的可读性。例如，"The use of self-assembling monolayers (SAMs) on metal substrates has become a versatile strategy"可译为"在金属基底上使用自组装单分子层（SAMs）已成为一种通用策略""for creating a wide variety of functional interfaces"可译为"用于创建多种功能界面"。

译文：在金属基底上使用自组装单分子层（SAMs）已成为一种通用策略，用于创建多种功能界面。这种策略使得人们能够设计具有定制性能的新型材料和设备，应用于诸如电子、传感、催化和生物技术等多个领域。

三、专业知识理解

案例1：In recent years, graphene-based materials have attracted tremendous attention due to their unique electrical, mechanical, and thermal properties, making them promising candidates for various applications, such as energy storage, sensors, and flexible electronics.（摘自 *Advanced Materials*）

问题：这句话包含了多个领域的专业知识，如"graphene-based materials""unique electrical, mechanical, and thermal properties"等。

解决策略：译者需要了解相关领域的基本知识，以便准确地翻译这些专业表达。例如,"graphene-based materials"可译为"基于石墨烯的材料","unique electrical, mechanical, and thermal properties"可译为"独特的电学、力学和热学性能"。

译文:近年来,基于石墨烯的材料因其独特的电学、力学和热学性能而受到极大关注,使它们成为各种应用领域中具有前景的候选者,如能源存储、传感器和柔性电子产品。

案例2:Quantum entanglement is a physical phenomenon that occurs when a pair or group of particles is generated, interact, or share spatial proximity in a way such that the quantum state of each particle of the pair or group cannot be described independently of the state of the others, including when the particles are separated by a large distance.(摘自 *Quantum Physics*)

问题:这句话涉及量子物理学的专业知识,如"quantum entangle-ment""quantum state"等。

解决策略:译者需要查阅相关资料,了解这些术语的中文对应词汇。例如,"quantum entanglement"可译为"量子纠缠","quantum state"可译为"量子态"。

译文:量子纠缠是一种物理现象,在一对或一组粒子生成、相互作用或共享空间接近时发生,以至于每个粒子的量子态不能独立于其他粒子的状态进行描述,包括当粒子被大距离分开时。

四、文化差异的处理

案例1:The SI unit of pressure is the pascal (Pa), which is equal to one newton per square meter (N/m²).(摘自 *Physics*)

问题:这句话涉及两个物理学单位,"pascal"和"newton",这两个单位是以科学家的名字命名的。

解决策略:译者需要了解这些单位在中文中的对应词汇。例如,"pascal"可译为"帕斯卡","newton"可译为"牛顿"。

译文：压强的国际单位制（SI）单位是帕斯卡（Pa），相当于每平方米一牛顿（N/m²）。

案例 2：The Doppler effect (or the Doppler shift) is the change in frequency or wavelength of a wave in relation to an observer who is moving relative to the wave source.（摘自 *Physics*）

问题：这句话涉及物理学的一个重要概念，"Doppler effect"，这个概念是以科学家的名字命名的。

解决策略：译者需要了解这个概念的中文对应词汇。例如，"Doppler effect"可译为"多普勒效应"。

译文：多普勒效应（或多普勒位移）是指波的频率或波长相对于与波源存在相对运动的观察者的变化。

五、句子结构的调整

案例 1：For the design of a photovoltaic system, factors such as solar irradiance, temperature, and the geographic location of the installation site should be taken into consideration.（摘自 *Solar Energy Engineering*）

问题：这句话的句子结构较复杂，包含多个从句。

解决策略：译者可以适当调整句子结构，使译文更符合中文的语言习惯。例如，将主从句的顺序互换，将定语从句转换为状语等。

译文：在设计光伏系统时，应考虑诸如太阳辐射、温度和安装场地的地理位置等因素。

案例 2：A photovoltaic system, also PV system or solar power system, is a power system designed to supply usable solar power by means of photovoltaics. It consists of an arrangement of several components, including solar panels to absorb and convert sunlight into electricity, a solar inverter to change the electric current from DC to AC, as well as mounting, cabling，and other electrical accessories to set up a working system.（摘自 *Solar Energy Engineering*）

问题：这句话的句子结构较复杂，包含多个并列的成分和修饰语。

解决策略：译者可以适当调整句子结构，使译文更符合中文的语言习惯。例如，将并列的成分分解为多个句子，将修饰语转换为定语等。

译文：光伏系统，也称为 PV 系统或太阳能发电系统，是一种通过光伏提供可用太阳能的电力系统设计。它由多个组件配置而成，包括吸收阳光并将阳光转化为电能的太阳能电池板，将电流从直流转变为交流的太阳能逆变器，以及安装、布线和用以建立一套工作系统的其他电气配件。

六、避免歧义

案例 1：The laser beam is focused by a lens onto a small spot on the sample surface, where the temperature can be raised to several thousand degrees Celsius in a few nanoseconds.（摘自 *Laser Spectroscopy*）

问题：这句话中的"small spot"可能引起歧义，因为"small"可以表示多种意义。

解决策略：译者需要根据上下文判断"small"的具体含义，并选择合适的中文词汇进行翻译。在这个例子中，"small"表示"面积很小"的意思，因此可以译为"极小"。

译文：激光束经过透镜聚焦到样品表面的一个极小区域，在这里，温度可以在几纳秒内升高到几千摄氏度。

案例 2：The term "greenhouse effect" refers to the process by which radiation from a planet's atmosphere warms the planet's surface to a temperature above what it would be without this atmosphere.（摘自 *Climate Change "Causes", Effects and Solutions*）

问题：这句话中的"greenhouse effect"是一个常见的地理学术语，但在不同的语境中可能有不同的含义。

解决策略：译者需要根据上下文判断"greenhouse effect"的具体

含义，并选择合适的中文词汇进行翻译。在这个例子中，"greenhouse effect"表示"温室效应"的意思，因此可以译为"温室效应"。

译文："温室效应"这个术语指的是一种过程，即来自行星大气层的辐射使行星表面的温度升高到如果没有这种大气层的话所不能达到的程度。

七、科学符号和单位的翻译

案例 1：The speed of light in a vacuum is approximately 299 792 kilometers per second (km/s).（摘自 *Physics for Scientists and Engineers*）

问题：这句话涉及科学单位的翻译，即"kilometer per second (km/s)"。

解决策略：译者需要了解国际单位制（SI）及中文对应的标准单位。在这个例子中，"kilometer per second (km/s)"可译为"千米/秒"。

译文：真空中光速约为每秒 299 792 千米（千米/秒）。

案例 2：The gravitational constant (G) is approximately 6.674×10^{-11} $N \cdot m^2/kg^2$.（摘自 *Physics for Scientists and Engineers*）

问题：这句话涉及科学单位的转换，即"$N \cdot m^2/kg^2$"。

解决策略：译者需要了解国际单位制（SI）及中文对应的标准单位。在这个例子中，"$N \cdot m^2/kg^2$"可译为"牛顿二次方米每二次方千克"。

译文：万有引力常数（G）约为 6.674×10^{-11} 牛顿二次方米每二次方千克。

八、图表和公式的翻译

案例 1：摘自 *Introduction to Quantum Mechanics*，原文中的公式如下：

$$\psi(x,t) = A \cdot \exp[i(kx - \omega t)]$$

问题：这个公式涉及量子力学领域的专业知识。

解决策略：译者需要熟悉相关领域的专业知识，了解公式中的各个符号代表的含义。例如，这里的"$\psi(x,t)$"表示波函数，"A"表示振幅，"k"表示波数，"ω"表示角频率，"exp"表示指数函数。

译文：$\psi(x,t) = A \cdot \exp[i(kx - \omega t)]$（译者可保留原文中的公式，但需对公式中的符号进行解释。）

案例2：摘自 *Advanced Physics*，原文中的公式如下：

$$E = mc^2$$

问题：这个公式是爱因斯坦的质能方程，涉及物理学领域的专业知识。

解决策略：译者需要了解相关领域的专业知识，了解公式中的各个符号代表的含义。例如，这里的"E"表示能量，"m"表示质量，"c"表示光速。

译文：$E = mc^2$（译者可保留原文中的公式，但需对公式中的符号进行解释。）

九、文献引用的处理

案例1：According to Smith et al. (2011), the effectiveness of solar panels can be influenced by factors such as the angle of incidence, dust, and shading.（摘自 *Renewable Energy Systems*）

问题：这句话涉及对于文献引用的处理。

解决策略：译者需要了解文献引用的翻译格式。在这个例子中，"Smith et al.（2011）"可以译为"史密斯等人（2011）"。

译文：根据史密斯等人（2011）的研究，太阳能电池板的效能受到诸如入射角、灰尘和遮挡情况等因素的影响。

案例2：As highlighted by Johnson (2008), the impact of climate change on agricultural productivity is a significant concern for many countries.（摘自 *Climate Change and Agriculture*）

问题：这句话涉及对于文献引用的处理。

解决策略：译者需要了解文献引用的翻译格式。在这个例子中，"Johnson (2008)"可以译为"约翰逊（2008）"。

译文：正如约翰逊（2008）所强调的，气候变化对农业生产力的影响是许多国家的重大关切。

通过上述案例分析，可以看到科技文献翻译涉及多个方面的问题，包括术语、句子结构、歧义、科学单位、图表公式和文献引用等。译者需要在翻译过程中充分考虑这些问题，并准确运用生态翻译学的原则和方法，以确保翻译质量。

第三节　生态翻译对科技翻译的贡献

生态翻译学是一个新兴的翻译学分支，其关注的焦点在于语言环境与社会环境之间的相互关系。这一学派的出现，使得人们对科技翻译有了新的认识和理解。科技翻译在社会生活和科技进步中占据着举足轻重的地位。科技翻译不仅要求翻译者具备一定的科技知识，还需要翻译者具备良好的语言技巧和深厚的文化背景知识。由于科技翻译的复杂性和专业性，翻译者在进行翻译时往往面临着巨大的挑战。

生态翻译学对这一挑战的解决方案提供了一种新的视角和思考路径。生态翻译学强调的是语言、文化与环境之间的平衡、和谐。在科技翻译过程中，人们不仅需要注重准确传达源语言和目标语言中的科技信息，还需要关注如何在保持源语言的特色和多样性的同时，尽可能准确地翻译科技信息。生态翻译学提供的生态视角，可以帮助人们在科技翻译过程中实现这一目标。

生态翻译学重点关注语言环境与社会环境之间的相互关系。在科技翻译过程中，人们必须注意到源语言和目标语言之间的科技文化背景差异。在传达科技信息的过程中，人们应当尽可能地维护源语言和目标语言中的科技文化的完整性。同时，人们也应当积极探究如何在两种科技文化之间实现平衡。这一过程中，生态翻译学起到了积极的指导作用。

生态翻译学所倡导的尊重和保护语言文化多样性的原则在科技翻译中也有着明显的体现。科技语言由于具有较高的专业性和复杂性，对翻译者的语言技能和科技背景知识有着较高的要求。与此同时，不同的语言文化对科技内容的理解和表达方式可能会有所不同，生态翻译学提供了一个视角，使人们意识到在科技翻译过程中，应当尊重和保护这种语言文化的多样性。

此外，生态翻译学对科技翻译的贡献还体现在生态翻译学所提出的生态伦理观。这一伦理观要求人们在进行科技翻译时，尊重源语言和目标语言的平等地位，同时理解并尊重源语言社会和目标语言社会的科技文化价值观。从这个意义上讲，生态翻译学为人们提供了一个全新的科技翻译视角，帮助人们更好地理解和把握科技文本，从而提高科技翻译的质量。

最后，生态翻译学提供的全新视角和方法，让人们能够更好地理解和实践科技翻译。这一理念和方法的应用，可以使人们在科技翻译的过程中，更好地处理语言、文化和环境之间的关系，实现科技翻译的高质量和高效率。总的来说，生态翻译学对科技翻译的贡献是深远的，其既可以提高科技翻译的质量，也可以促进科技翻译的健康、可持续发展。

第八章　生态翻译学在法律翻译中的实践

第八章　生态翻译学在法律翻译中的实践

第一节　法律翻译的生态挑战

法律翻译作为一种专门性的翻译活动，在实践中面临来自法律翻译特殊性、高度专业性，以及法律语言生态的多样性与复杂性等许多方面的生态挑战。

一、法律翻译的特殊性

法律翻译是翻译学的一个重要分支，因其特殊性和高度专业性，在翻译学中具有独特的地位和价值。法律翻译涉及法律术语、制度和观念的转换，具有很高的专业性和严谨性，对译者的专业素质和翻译能力有着极高的要求。在全球化背景下，跨国合作和交流日益增多，法律翻译在政治、经济、文化等各个领域扮演着越来越重要的角色。

法律术语通常具有特定的含义，不同的术语可能涉及不同的法律观念和制度。因此，译者需要具备专业的法律知识和语言技能，才能准确理解和翻译这些术语。此外，由于法律文件的翻译质量直接关系到法律制度的实施和法律责任的承担，因此，译者需要具备深厚的法律背景知识，扎实的语言技能，严谨的翻译态度和高度的责任心等基础条件。

二、法律语言生态的多样性与复杂性

法律语言作为一种特殊的语言类型，具有严谨、准确和专业等特点。各国的法律语言生态受到各国法律制度、法律文化和语言习惯等多种因素的影响，呈现出多样性和复杂性。在法律翻译过程中，译者需要面对不同法律语言生态的挑战，如何在尊重源语言法律文化的同时，兼顾目标语言法律文化对法律文本进行准确的传达，是法律翻译中的一大生态挑战。

(一)法律制度的差异

各国法律制度的差异是影响法律翻译生态的主要因素。不同国家和地区的法律制度往往有着根本性的差异,如大陆法系和英美法系之间的区别。法律语言生态的差异不仅表现在法律术语和法律概念上,还体现在法律体系和法律思维方式上。译者在进行法律翻译时,需要充分了解和掌握源语言和目标语言社会中的法律制度,避免因制度差异带来的误解和误导。

(二)法律文化的差异

法律文化是指在一定社会历史条件下,人们关于法律、法治与法律关系的观念、态度和价值观,以及这些观念、态度和价值观在法律实践中的体现。不同国家和地区的法律文化有着显著的差异,体现在法律观念、法律传统和法学价值观等方面。在法律翻译过程中,译者需要充分理解和尊重源语言和目标语言的法律文化差异,将对于这些差异的考量权衡纳入翻译过程,以实现对法律文化的准确传递。

(三)语言习惯的差异

法律语言具有一定的规范性和相对固定的表达方式,这些规范性原则和表达方式往往受到语言习惯的影响。在法律翻译过程中,译者需要关注源语言和目标语言之间的习惯差异,以确保法律翻译的准确性和可读性。此外,译者还需要关注法律语言中的隐性表达和特定语境,避免因忽视语言习惯差异而导致的翻译失误。

三、法律翻译的生态平衡

在面对法律翻译的生态挑战时,译者需要在尊重源语言法律文化和保护目标语言法律文化之间寻找平衡。实现这种生态平衡是法律翻译的核心任务和价值所在。为了实现生态平衡,译者需要具备以下能力和素质。

（一）高度的专业素养和跨文化沟通能力

法律翻译要求译者具备扎实的法律知识和优秀的翻译技能。译者需要熟悉源语言和目标语言社会中的法律制度、法律文化和语言习惯，具备较高的跨文化沟通能力。只有具备这些能力和素质，译者才能在翻译过程中准确把握文化差异，实现对法律文化的尊重和保护。

（二）创新性的翻译策略和方法

在面对法律翻译生态挑战时，译者需要运用创新性的翻译策略和方法，以实现对源语言法律文化的准确传递。这些策略和方法包括对法律术语的处理、对法律概念的转换和对法律语言的调整等。通过这些创新性策略和方法，译者可以在保证翻译准确性和可读性的同时，充分尊重与保护源语言和目标语言的法律文化。

（三）敏感性和包容性的文化态度

在法律翻译过程中，译者需要具备敏感性和包容性的文化态度。敏感性意味着译者能够敏锐地捕捉源语言和目标语言法律文化的差异，从而避免翻译过程中的误解和误导。包容性则要求译者在尊重差异的基础上，努力寻求文化共识和共同价值，以实现法律翻译的生态平衡。

四、法律翻译的生态效益

在实现法律翻译生态平衡的过程中，译者可以为跨文化交流和全球法治建设创造生态效益。这些生态效益主要体现在以下几个方面。

（一）促进法律制度的传播和相关交流

法律翻译作为跨文化交流的重要工具，有助于促进各国法律制度的传播和相关交流。通过法律翻译，不同国家和地区的法律制度与法律文化得以互相借鉴，从而推动全球法治建设的发展。

（二）增强法律合作和互信

在全球化背景下，国际法律合作越来越密切。通过高质量的法律翻译，各国可以更好地了解和理解彼此的法律制度与法律文化，从而增强在法律领域的互信和合作，为解决国际法律问题创造有利条件。

（三）保护和传承法律文化遗产

法律翻译可以使各国的法律文化得以传承和发扬。翻译者对法律文献的翻译和研究，有助于挖掘和保护世界各地的法律文化遗产，为人类文明的发展做出贡献。

（四）保护和发展全球文化多样性

在法律翻译生态平衡的实践过程中，译者可以为全球文化多样性的保护和发展做出贡献。通过尊重和保护各国法律文化的差异，译者有助于维护世界各地独特的法律文化特色，推动全球文化多样性的繁荣和进步。

面对法律翻译的生态挑战，翻译学者与实践者需要共同关注和研究，以提升法律翻译的质量和水平，为国际法律交流和合作做出更大的贡献。

第二节　英语法律文件翻译案例分析

一、英语法律文件翻译的方法

英语法律文件翻译是一个极其专业和复杂的领域，这一领域涉及大量的法律术语、复杂的法律观念以及独特的法律语言风格。因此，要想对法律文件进行有效的翻译，译者需要具备一定的法律知识，熟悉目标语言和源语言社会中的法律制度，同时也需要具备一定的语言翻译技巧。下面笔者将从语言处理、术语处理和法律制度处理三个方面，对英语法律文件翻译的方法进行深入探讨。

首先,语言处理是英语法律文件翻译中的一个重要环节。在英语法律文件翻译中,语言的准确性和规范性是非常重要的。法律文件的语言通常是严谨的、精细的,一字之差可能会导致法律效力的巨大差异。因此,翻译过程中必须保证语言的准确性,确保每个词、每个句子的含义都被正确地翻译出来。同时,法律文件的语言也需要保持规范性,译者需要在翻译过程中严格遵循目标语言的语法规则,避免语言的混乱和错误。

其次,术语处理是英语法律文件翻译中的一个重要环节。法律术语是法律语言的重要组成部分,具有高度的专业性和特定性。在翻译过程中,译者需要保持术语的统一性,避免出现同一术语翻译不一致的情况。在遇到目标语言中没有对应词汇的情况时,译者可以采用"意译+原词注释"的方式进行处理。这种处理方式可在一定程度上保证目标读者对术语的正确理解,避免译文产生歧义。

最后,法律制度处理是英语法律文件翻译的一个重要环节。法律制度是国家法治的基础,不同国家的法律制度可能会有很大的差异。在翻译过程中,译者需要尽量避免将源语言社会中的法律制度直接翻译成目标语言社会中的法律制度,而是要根据目标语言社会中的法律制度对原文进行解释和处理。这就要求译者具备较高的跨文化翻译能力,能够在保证翻译准确性的同时,使译文更符合目标语言社会中的法律体系。

总结来说,英语法律文件翻译是一个需要精细处理、深思熟虑的过程。它既需要译者具备丰富的法律知识,又需要译者具备优秀的语言处理能力和跨文化翻译能力。通过对语言处理、术语处理和法律制度处理等环节的深入理解和实践,译者可以更好地进行英语法律文件的翻译,为法律交流和合作提供有效的语言服务。

二、英语法律文件翻译实践案例与分析

案例1：合同翻译

在合同翻译中，生态翻译学的应用尤为重要。以中英文合同为例，译者需要在保持原文准确性的基础上，充分考虑目标语言社会中的法律体系和文化背景。例如，中文合同中的"民事责任"一词，在英文合同中可以翻译为"civil liability"。然而，这一翻译可能无法涵盖原文中的所有意义，因为英美法系与大陆法系在民事责任的界定和适用方面存在差异。因此，在进行翻译时，译者需要充分了解相关法律背景，以确保翻译结果的准确性和适用性。

例如，以下英文合同条款及其对应中文翻译。

原文：This Agreement shall be governed by and construed in accordance with the laws of the State of California, without regard to its conflict of laws principles.

译文：本协议应受加利福尼亚州法律管辖并依据加利福尼亚州法律进行解释，不考虑其法律冲突原则。

分析：在这个例子中，译者成功地保留了原文的结构和信息，同时准确地翻译了法律术语，如"governed by"（受管辖）和"conflict of laws principles"（法律冲突原则）。

又如，以下中文合同条款及其对应英文翻译。

原文：本合同双方同意，甲方授予乙方在中国境内使用其注册商标的独家许可。

译文：Both parties of this contract agree that Party A grants Party B an exclusive license to use its registered trademark within the territory of China.

分析：在此案例中，生态翻译学要求译者理解中美两国知识产权法律体系中的"独家许可"概念。译者需确保目标语言的读者能理解

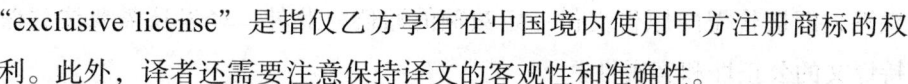

"exclusive license"是指仅乙方享有在中国境内使用甲方注册商标的权利。此外,译者还需要注意保持译文的客观性和准确性。

案例2:判决书翻译

判决书是法律文本中的一种重要类型,其翻译涉及法律事实、法律依据和法律适用等多个方面。以一份美国判决书为例,原文中可能出现"preponderance of the evidence"(证据优势)这一概念,而在中文法律体系中,并没有与之完全对应的概念。在这种情况下,译者需要根据生态翻译学的原则,在尊重源语言文化的同时,充分考虑目标语言读者的理解需求,选择一种能够传达原文意义的表达方式。可以将"preponderance of the evidence"翻译为"证据主要优势",并在译文中加以注释,以帮助目标语言读者理解这一概念的具体含义。

例如,以下英文判决书段落及其对应中文翻译。

原文:The Court finds the defendant guilty of theft and sentences him to three years in prison, with a fine of $5,000. The defendant has the right to appeal within ten days from the date of this judgment.

译文:法院认定被告犯有盗窃罪,判处有期徒刑三年,并处罚金5,000美元。被告自判决之日起十日内享有上诉权。

分析:在这个例子中,译者准确地翻译了判决结果、刑期和罚金等关键信息,同时注意到了"within ten days"(十日内)这一重要的时间限制。

又如,以下中文判决书段落及其对应英文翻译。

原文:根据本法院对证据的审查,被告需支付原告10,000欧元的赔偿金。

译文:Based on the court's examination of the evidence, the defendant is required to pay the plaintiff 10,000 euros in damages.

分析:在此案例中,生态翻译学要求译者了解德国法律体系中的"赔偿金"概念。译者需确保译文中的"damages"能准确传达原文中的意思，即被告需向原告支付一定数额的赔偿。此外，译者还需要注意保持译文的公正性和客观性。

英语法律文件翻译是一项具有挑战性的工作，译者需要具备专业的法律知识和高超的翻译技能。通过对英语法律文件翻译的特点和方法的分析，以及对于具体案例的探讨，本文旨在为翻译工作者提供一些有益的启示。在实际翻译过程中，译者还需要不断学习、积累经验和提高自身能力，以更好地应对各种法律文件翻译的挑战，为客户提供高质量的翻译服务。

案例3：知识产权领域的法律文件翻译

知识产权领域涉及专利、商标、著作权等方面的法律文件，这些文件往往包含大量的技术术语和法律术语。在进行翻译时，译者需要具备相关领域的专业知识，同时遵循生态翻译学的原则，以确保翻译结果的准确性和可靠性。

以著作权相关法律文件为例，原文如下。

The copyright owner has the exclusive right to reproduce, distribute, perform, and display the copyrighted work, as well as to prepare derivative works based on the copyrighted work.

译文：著作权拥有者享有对受著作权保护的作品进行复制、发行、表演、展示的专有权利，以及根据受著作权保护的作品创作衍生作品的权利。

分析：在这个例子中，译者准确地翻译了诸如"copyright owner"（著作权拥有者）、"exclusive right"（专有权利）等法律术语，同时保留了原文的结构和信息。这有助于目标语言读者更好地理解源语言社会中著作权法的相关规定。

在知识产权相关法律文件中，专利法是一个重要的领域，涉及大量的科技术语和法律术语，对译者的专业知识和语言能力提出了较高要求。以下是一个关于专利法的英文原文例子及其译文。

第八章 生态翻译学在法律翻译中的实践

原文：A patent is a set of exclusive rights granted by a sovereign state to an inventor or assignee for a limited period of time in exchange for detailed public disclosure of an invention.

译文：专利是主权国家在一定的时间限期内，为了交换对于发明的详细公开披露，授予发明者或受让人的一组专有权利。

分析：在这个例子中，译者正确地翻译了"patent"（专利）、"exclusive right"（专有权利）、"sovereign state"（主权国家）、"inventor or assignee"（发明者或受让人）等专门术语，同时也保留了原文的信息和结构。这不仅确保了翻译的准确性，也使得目标语言读者能够更好地理解源语言社会中对于专利法的相关规定。

案例4：法律条款翻译

法律条款翻译要求译者具有丰富的法律知识，并高度掌握源语言及目标语言相关知识和翻译技能，以确保翻译的准确性、语言规范性和专业性。

法律翻译的挑战之一是理解并准确传达法律术语。法律术语通常具有特定的含义，因此译者需要确保翻译作品不会引发歧义或误导读者。此外，法律制度在不同国家和地区之间存在显著差异，因此译者需要熟悉各种法律体系和法律文化。

为了提高法律条款翻译的质量，专业译者通常会参考法律词典、法律文献和相关法规，以便更好地理解和准确翻译特定术语。同时，翻译后的文本需要经过严格的审查和校对，以确保译文在法律意义上的正确性和一致性。

原文：Employees shall be entitled to annual paid leave based on their length of service, in accordance with the provisions of applicable laws and regulations.

译文：根据相关法律法规的规定，员工根据工龄享有年度带薪休假。

分析：在这个例子中，译者准确地翻译了"annual paid leave"（年度带薪休假）和"length of service"（工龄）等法律术语，并充分考虑了目标语言社会中的法律体系和文化背景。对于法律条款的准确翻译有助于保障劳动者的合法权益，促进国际劳动力市场的交流与合作。

原文：当事人对标的物有错误的，合同无效。

译文：The contract is invalid if the parties have made a mistake regarding the subject matter.

分析：在这个案例中，生态翻译学要求译者理解典型合同相关法律法规中的"标的物""错误"和"合同无效"等概念。译者需确保译文中的"subject matter""mistake"和"invalid"准确传达了原文的意思。同时，译者还需要注意保持译文的客观性和准确性。

案例5：遗嘱的翻译

原文：I, John Smith, being of sound mind and memory, do hereby declare this to be my last will and testament.

译文：我，约翰·史密斯，神志清醒，记忆完整，特此声明本文为我生前最后的遗嘱。

分析：在此案例中，生态翻译学要求译者了解美国遗嘱的语言风格和法律概念。译者需要确保译文中的"神志清醒"和"遗嘱"等表述准确传达了原文的意思，同时注意保留原文的正式语气。

通过以上案例分析，可以看到，在法律文件翻译中，遵循生态翻译学原则是非常重要的。译者需要具备丰富的专业知识，并保持对法律文化的敏感性，同时关注源语言和目标语言之间的文化差异并结合相关法律体系和法律规定，进行准确、严谨的翻译实践，以保证翻译结果的准确性和可靠性。此外，译者还需要考虑语言表达的可读性和接受度，使得目标语言读者易于理解和掌握法律文件的内容。

总之，法律文件翻译是一项高难度的任务，需要译者具备丰富的专业知识、准确的语言表达能力和敏锐的法律文化意识，才能保证翻译结果的质量。因此，对于法律文件翻译，只有选择经验丰富、专业素质水平高的译者,才能保证翻译结果的准确性和可靠性。

第三节 生态翻译在法律翻译中的重要性

法律文件翻译是一项十分复杂和重要的任务,需要译者具备丰富的法律知识和深厚的专业素养,能够准确地翻译法律术语和技术表述。在法律文件翻译中,生态翻译学的原则具有特别重要的意义,可以帮助译者提升翻译结果的准确性和可靠性。

首先,生态翻译学强调了译者需要保持对原文语境和文化背景的敏感性。在法律文件翻译中,译者需要了解源语言社会中的法律体系和文化背景,以便对原文中的法律术语和技术表述进行准确的翻译。例如,在翻译不同国家和地区的劳动法时,译者需要了解不同的劳动法律体系,以便处理源语言社会和目标语言社会之间的法律差异。

其次,生态翻译学注重译者对目标语言读者的关注。译者需要考虑目标语言读者的文化背景和语言习惯,以便让目标语言读者更好地理解法律文件的内容。在法律文件翻译中,译者需要保留原文的结构和信息要素,同时使用适合目标语言读者的表述方式。例如,在翻译著作权相关法律文件时,译者需要确保所翻译的法律术语,如"copyright owner"(著作权拥有者)和"exclusive right"(专有权利),在目标语言中是准确的,并且能够让目标语言读者更好地理解原文涉及的著作权相关法律规定。

再次,生态翻译学注重译者的专业素养和责任意识。在法律文件翻译中,译者需要具备丰富的法律知识和深厚的专业素养,以便在翻译过程中保证法律文件译文的准确性和可靠性。译者还需要具备较高的责任意识,认识到翻译的错误可能对法律文件的内容产生重要影响,并对自己的翻译结果负责。

第四，生态翻译学还强调了译者在翻译过程中需要注重对源语言和目标语言的平衡。译者需要在保证翻译结果的准确性的同时，尽量保留原文的语言风格。在法律文件翻译中，译者需要确保自身所翻译的法律术语和技术表述与原文保持一致，同时使用适合目标语言读者的语言表达方式。例如，在翻译国际贸易相关法律文件时，译者需要确保自身所翻译的术语，如"arbitration"（仲裁）和"trade agreement"（贸易协议），与原文保持一致，并以适合目标语言读者的语言表达方式呈现。

最后，生态翻译学强调了译者对语言的敏感性。译者需要对语言的多样性和变化性具有敏锐的观察力，以便在翻译过程中对语言使用进行有效的控制。在法律文件翻译中，译者需要熟悉法律语境下的语言使用规范，并确保所翻译的语言表述符合法律语境的要求。例如，在翻译知识产权相关法律文件时，译者需要确保所翻译的术语，如"patent"（专利），在目标语言中是准确的，并且符合法律语境下的语言使用规范。

总之，生态翻译学在法律翻译中具有十分重要的作用，能够帮助译者提升翻译结果的准确性、可靠性和可读性，并有效避免法律文件的内容被误译。译者需要具备丰富的法律知识和语言技能，以及对源语言和目标语言的敏感性和控制能力，才能够在法律翻译中取得良好的翻译效果。

第九章　英语教学中的生态教育与跨文化交流

第九章 英语教学中的生态教育与跨文化交流

第一节 生态教育在英语教学中的意义与作用

在全球化进程加快的今天,语言教学不仅仅需要关注对语言知识的传授,更需要关注语言所承载的文化、历史和社会背景,以及语言与环境之间的关系。因此,生态教育的理念在英语教学中的应用显得尤为重要。

生态教育的核心理念是人与自然和谐共生,强调生态环境的整体性、和谐性和可持续性。将这一理念应用到英语教学中,就是要求教师在教学过程中,培养学生的全球公民意识,提高学生的跨文化交际能力,增强学生的生态意识和环境保护意识,使学生能够在掌握语言知识的同时,也能了解和尊重不同文化背景下的环境价值观,形成对生态环境的正确认识和尊重。

一、提高学生的生态意识

提高学生的生态意识是英语教学中的一个重要目标,尤其在全球生态环境问题日益突显的情况下。生态教育的引入不仅丰富了英语教学的内容,也能使学生在学习英语的过程中,充分意识到环境保护的重要性,提升自身的生态意识。

首先,引入与环境和生态相关的话题是提升学生生态意识的重要途径。在教学过程中,教师可以结合实际情况,引入各种与环境和生态相关的话题,如全球气候变化、海洋污染、生物多样性保护等。这些话题不仅涉及全球性的问题,而且具有很强的现实性和紧迫性,能引发学生的高度关注。

同时,通过学习这些话题,学生可以了解环境问题的严重性,理解人类的生存和发展离不开健康的生态环境,从而引发学生深思。这不仅有助于提升学生的生态意识,也有助于学生形成积极参与环保活动、保护生态环境的良好态度。

其次,生态教育的引入还能帮助学生理解和掌握一些生态环保领域的基本知识。例如,教师可以在教学过程中,引入一些生态环保领域的基本概念和原理,如可持续发展、生态平衡、环境污染等。这些知识不仅可以丰富学生的知识结构,也能使学生更科学地理解环境问题,增强学生的环保意识。

最后,生态教育的引入还有助于培养学生的实践能力和创新能力。教师可以设计一些与环境和生态相关的实践活动,如环保知识竞赛、校园清洁活动、环保公益广告设计等。这些活动不仅可以使学生有机会将所学的生态环保知识付诸实践,还能激发学生的创新精神,提升学生解决环境问题的能力。

二、拓宽学生的跨文化视野,提高跨文化交际能力

跨文化交际能力是在全球化背景下,英语学习者必须具备的一种重要能力。生态教育的引入,为提升学生的跨文化交际能力提供了新的视角和路径。在英语教学中,通过合理地引入生态教育,教师不仅可以拓宽学生的跨文化视野,提高学生对全球生态问题的认识,还可以提升学生的跨文化交际能力。

首先,生态教育有助于拓宽学生的跨文化视野。在全球化的大背景下,生态问题已经不再是某一地区或某一国家的问题,而是全人类共同面临的问题。不同的国家和地区对生态问题有着不同的认识和应对方式,这些都是不同国家和地区独特的文化观念和生态观念的体现。通过学习这些不同的生态观念,学生可以更深入地理解和尊重不同国家和地区的文化,从而拓宽自身的跨文化视野。

其次,生态教育可以提升学生的跨文化交际能力。语言是文化的重要载体,不同的语言代表着不同的文化和生态观念。在英语教学中,教师可以引入英语国家的生态观念和环保实践,让学生在学习英语的同时,

更深入地了解和理解英语国家的文化背景和生态价值观。这一做法可以使学生在掌握语言知识的同时，也能适应不同的文化环境，对于提高学生的跨文化交际能力有着重要的作用。

三、培养学生的全球公民意识

英语作为国际通用语言之一，其教学目的不仅是培养学生的语言技能，还应是培养具有全球公民意识的学习者。在全球化的背景下，英语已经成为世界的通用语言之一，是各国人民进行交流和合作的重要工具。生态教育的理念可以帮助学生理解和尊重不同文化和社会背景下的环境价值观，提高学生的全球公民意识。在英语教学中融入生态教育，有助于培养学生的全球责任感，使学生关注全球性的生态问题，积极参与国际环保行动，为解决全球生态危机做出贡献。

四、提高学生的创新能力和解决问题的能力

在 21 世纪，创新能力和解决问题的能力被认为是非常重要的素质，而在英语教学中引入生态教育，可以有效地促进这两种能力的发展。通过引入生态教育，教师可以激发学生对环境问题的关注和思考，鼓励学生主动探索和思考，尝试用所学的英语知识解决实际问题。这种教学方式不仅可以提高学生的学习兴趣和积极性，还可以帮助学生锻炼和提高创新能力和解决问题的能力。

首先，生态教育可以激发学生的探索精神和创新思维。在英语教学中，教师可以引入各种环境问题，如全球气候变化、生物多样性的保护、资源的可持续利用等，鼓励学生利用英语研究这些问题，提出他各自观点和解决方案。这种教学方式不仅可以帮助学生了解和理解这些问题，还可以激发学生的探索精神和创新思维。

其次，生态教育可以帮助学生提高解决问题的能力。在探索研究环境问题的过程中，学生需要运用自身拥有的知识和技能，如分析问题的

能力、批判性思维能力、团队合作能力等，提出并实施解决方案。这不仅可以提高学生解决问题的能力，也可以帮助学生在实践中提高英语应用能力。

最后，生态教育也有助于培养学生的未来职业生涯所需的工作能力。对环境问题的研究和探讨，可以让学生了解环保领域的实际情况，理解环保工作的重要性和难度，为学生未来在各个领域的工作和研究打下坚实的基础。同时，通过这种方式，学生也可以了解到，作为全球公民，自身有责任和义务保护人类共同的家园。

五、提高英语教学的实际价值

生态教育理念在英语教学中的实施不仅能提高学生的生态意识，培养学生的跨文化交际能力、创新能力和解决问题的能力，而且还能提升英语教学的实际价值，进一步提升教学的质量和效果。

首先，生态教育使得英语教学内容更加丰富和多元。传统的英语教学主要聚焦在语法、词汇、阅读、写作等基本语言技能的培养方面，而在生态教育的框架下，英语教学可以从更广阔的视角出发，同时关注语言、文化、生态环境等多方面的内容。例如，教师可以在教学中引入关于全球气候变化、环境保护国际合作的实施现状、资源的可持续利用等话题，使得教学内容更加丰富和多元，更能吸引学生的兴趣和注意力。

其次，生态教育使得英语学习更贴近实际，更具实用性。通过将实际的环境问题和案例引入英语教学，学生可以在了解这些问题、提出解决方案的过程中，运用和提高自身的语言技能。例如，学生可以通过阅读和讨论关于环境问题的英文文章，提高自身的阅读理解和批判性思维能力；通过写作关于环境问题的英文报告或论文，提高自身的写作和表达能力；通过进行关于环境问题的英语演讲或辩论，提高自身的口语和沟通能力。这样，英语学习不仅能培养语言能力，也能提供应用技能训练，使得英语学习更具实用性。

最后，生态教育有助于提高英语教学的质量和效果。在生态教育理念的指导下，教师可以设计更有趣和更有意义的教学活动，更好地调动学生的学习积极性和主动性，提高学生的学习兴趣和动力。同时，通过对实际环境问题的研究和讨论，学生可以更深入地理解和掌握英语知识，提高学生的学习效果。

总的来说，生态教育在英语教学中的意义和作用是多方面的。在全球化和全球生态危机日益严重的背景下，生态教育的理念在英语教学中的应用显得尤为重要。教师需要在英语教学中注重培养学生的全球公民意识、生态意识和环保意识，提高学生的跨文化交际能力，使学生能够在掌握语言知识的同时，也能了解不同文化背景下的环境价值观，形成对生态环境的正确认识和尊重，从而更好地适应全球化的需求，积极应对生态环境问题的挑战。

第二节 生态翻译理论在跨文化交流中的应用价值

一、提高跨文化交流的有效性

在全球化的大背景下，跨文化交流已经成为人们生活中常见的交流形式，涵盖政治、经济、文化、教育等多个领域。在跨文化交流的过程中，翻译活动起到了至关重要的作用，它不仅仅是语言与语言之间的转换，更是文化与文化之间的桥梁。而生态翻译理论，通过强调对源语言和目标语言文化背景的尊重和保护，为提高跨文化交流的有效性提供了有力的理论支持。

首先，生态翻译理论着眼于源语言和目标语言的文化背景，要求译者在翻译过程中充分理解这些文化背景，以确保信息传递的准确性。译者需要具备高度的文化敏感性和丰富的跨文化沟通技巧，以便在理解源语言文本的基础之上，精确地将其信息和意义转换为目标语言。这种对文化背景的关注和理解，不仅能够提高翻译结果的准确性，也有助于减少文化误解和偏见，从而提高跨文化交流的有效性。

其次，生态翻译理论强调尊重和保护源语言文化的特点和价值。这要求译者在翻译过程中，避免过度的归化或异化，以保持源语言文化的独特性。在全球化的背景下，许多种类的文化面临着被同化或消失的压力，生态翻译理论提供了一种处理方式，使人们能够在保护文化价值的同时，实现有效的跨文化交流。

最后，生态翻译理论也强调文化多样性的重要性，这对于促进全球文化多样性的保护和发展具有重要意义。在跨文化交流过程中，尊重和保护文化多样性，可以使人们理解和接受不同文化的观念和价值，拓展文化交流的深度和广度。这种对文化多样性的关注和保护，可以推动各种文化之间的互相理解和彼此接纳，促进全球的文化交流和共享。

二、促进不同文化之间的相互理解和尊重

在翻译学领域，生态翻译理论为尊重和认可文化的独特性与多样性提供了全面的框架。生态翻译理论强调，翻译不仅仅是语言的简单转换，更是文化的互动和交流。因此，在跨文化交流中应用生态翻译理论，有利于消除文化隔阂，促进不同文化的和谐共存。

生态翻译理论揭示了翻译过程所涉及的文化、社会、历史等复杂因素及其相互影响，提醒人们，在进行翻译时，应该全面地考虑各种因素，避免因忽视某些因素而导致的翻译误差或失真。例如，对于源语言中的习惯表达和谚语，人们不能仅从字面意义进行翻译，而应该了解这些习惯表达和谚语在源语言文化中的含义和用法，然后寻找在目标语言文化中能够传达同样含义的表达方式。

生态翻译理论也倡导译者在翻译过程中，对源语言和目标语言的文化背景进行深入理解，尊重文化差异，体现语言的生态平衡。这就要求

译者具有深厚的文化素养和丰富的语言技能,以便能够准确地理解和传递源语言的意义,同时充分考虑目标语言的特点和文化背景。

此外,生态翻译理论还强调翻译活动的目标不仅仅是实现语义方面的对等,更重要的是推动不同文化的交流和理解。译者应该努力传递源语言的文化信息,同时也要注意尊重和保护目标语言文化的独特性,避免在翻译过程中产生文化冲突和误解。这就要求译者不仅需要具备专业的语言知识,还需要具备跨文化交流的技巧和意识,能够尊重和理解不同的文化。

三、增强跨文化交流的包容性

在全球化的大背景下,跨文化交流日益频繁,各种文化相互碰撞、交融,形成一个复杂的、多元的文化大熔炉。而生态翻译理论提供了一个独特的视角,即强调翻译活动应关注和保护文化多样性,使不同文化在交流过程中得到充分展示和发扬。这一理论视角能有效增强跨文化交流的包容性,为全球文化多样性的保护和发展贡献力量。

首先,生态翻译理论认为每一种文化都具有其独特性,是世界文化多样性的重要组成部分。在翻译过程中,翻译者应尽可能地尊重和保护文化的独特性和多样性,避免在翻译过程中出现对文化的误解、误读或消解。这种理念鼓励在跨文化交流过程中尊重对方的文化背景,避免将自己的文化模式强加于人,从而增强跨文化交流的包容性。

其次,生态翻译理论强调,为了保护文化的多样性,翻译者应将自身定位为文化的传播者和守护者。在翻译过程中,不仅要尽可能准确地传递原文的信息,同时也要充分展示源语言的文化特点和价值,使目标语读者能够更深入地理解和欣赏源语言文化。这种翻译方式有利于拓展跨文化交流的深度和广度,让更多的人了解和欣赏不同文化的魅力。

最后,生态翻译理论强调文化的多样性不仅是人类社会的宝贵财富,也是全球文化发展的重要动力。在跨文化交流中,人们应以开放和包容的心态接纳各种不同的文化,尊重和欣赏文化的多样性,创造具有包容性的多元文化环境。这种环境有助于激发文化的活力和创新力,推动全球文化的发展和进步。

四、提升跨文化交流的可持续性

跨文化交流是全球化时代的一个重要特征,然而在跨文化交流的过程中,人们也面临着许多挑战,其中最大的挑战之一就是如何保护和促进语言生态的可持续发展。许多仅在少数国家应用的语种和少数民族语言在全球化的冲击下面临着消失的危险,这对于全球文化多样性来说是一种严重的威胁。将生态翻译理论应用于跨文化交流,注重关注和保护语言生态,有助于实现可持续的交流模式,避免对某一文化的侵蚀和同化,使各种文化在交流过程中得到平衡发展。

首先,生态翻译理论强调在翻译过程中需要充分尊重源语言和目标语言的文化背景,尊重和保护文化的独特性和多样性。译者需要具备丰富的文化知识和较高的敏感度,充分尊重理解文化差异,避免在翻译过程中对源语言文化的误读和误解。这种尊重和理解不仅可以提高翻译结果的准确性,还有助于保护文化多样性,避免文化同化的风险。

其次,生态翻译理论强调语言的生态价值,即语言不仅是一种沟通工具,更是一种文化和生态资源。每一种语言都承载着独特的文化信息和历史记忆,是人类文化遗产的重要组成部分。因此,人们应该尊重所有语言的生态价值,保护语言多样性,防止语言消失。

再次,生态翻译理论提供了一种以语言生态为中心的翻译模式。这种模式强调翻译过程中的动态平衡,要求译者在保持源语言文化特色的同时,充分考虑目标语言读者的接受度和理解能力。这种平衡不仅有助于实现准确有效的沟通,还有助于保护和传承各种文化。

最后,生态翻译理论的应用还有助于增强跨文化交流的包容性和互动性。在生态翻译理论的指导下,人们可以更好地理解和尊重不同的文

第九章 英语教学中的生态教育与跨文化交流

化观念和价值观念，克服语言和文化方面的障碍，实现真正意义上的跨文化交流。

在全球化的大背景下，跨文化交流的可持续性是一个重要的问题。生态翻译理论提供了一种有效的解决方案，通过保护语言生态，尊重文化多样性，推动平衡发展的交流模式，不仅可以提高跨文化交流的质量和效果，还可以保护和促进全球文化多样性的发展，为人类文明的共同繁荣和进步做出贡献。因此，应当进一步研究和发展生态翻译理论，提高其在跨文化交流中的应用效果，为全球化时代的跨文化交流提供更多的理论支持和实践指导。

五、推动跨文化合作与发展

跨文化合作与发展是全球化的重要趋势，其中翻译活动扮演着十分重要的角色。生态翻译理论提供了一种理解和实施跨文化交流的全新视角，即强调源语言和目标语言文化的共生关系，尊重和保护各种文化的特点和价值，推动文化资源的互补与共享。

首先，生态翻译理论认为，源语言和目标语言文化之间存在着共生关系。这意味着在翻译活动中，人们不应该仅仅看到两种语言文化之间的差异和冲突，更应该看到二者之间的相互依存和相互影响。这种共生关系要求人们在翻译过程中充分考虑源语言和目标语言的文化背景，尽可能地保持语言的生态平衡。

其次，生态翻译理论强调在翻译过程中应尊重和保护源语言和目标语言文化的特点和价值。译者需要具备深厚的文化知识和较高的敏感度，以充分理解和尊重不同文化的特点和价值，避免在翻译过程中对源语言文化的误解和误读。这种尊重和保护意识不仅可以提高翻译的质量，还有助于消除文化隔阂，增进跨文化理解和信任，为跨文化合作创造有利条件。

再次，生态翻译理论提倡不同文化主体在跨文化交流中的资源共享和相互学习。这种做法鼓励各种文化在交流过程中互相借鉴和学习,实现文化资源的互补与共享。这不仅可以促进全球文化资源的合理配置,还可以推动各种文化的共同繁荣与进步。

最后,生态翻译理论的应用也有助于推动跨文化合作与发展。在全球化的背景下,各种文化之间越来越多地相互影响和融合。在这个过程中,人们需要寻找一种既能保护语言生态,又能推动文化交流与合作的方式。生态翻译理论即提供了这样一种可能性。通过运用生态翻译理论,人们不仅可以保护各种文化的特点和价值,还可以推动不同文化的交流和合作,实现文化的互补与共享。

综上所述,在跨文化交流中应用生态翻译理论,可以提高交流的有效性、包容性和可持续性,促进不同文化的相互理解和尊重,推动跨文化合作与发展。随着全球化进程的不断推进,生态翻译理论在跨文化交流中的应用将越来越重要,不断为促进全球文化多样性的保护和发展做出积极贡献。

第三节 培养具备生态意识的英语学习者

一、融入生态主题的英语教材与课程设计

在英语教学中,融入生态主题的教材和课程设计非常重要。教材是学生接触和学习新知识的重要途径,而课程设计则直接影响学生的学习体验和效果。因此,在英语教材和课程中有效融入生态主题,就成为增强学生生态意识的重要环节。

首先,教材内容应涵盖与生态相关的主题。比如,英语教材可以通过阅读材料、对话情景、词汇练习等方式,引入环境保护、气候变化、生物多样性、可持续发展等生态主题。这些内容不仅可以帮助学生扩大

词汇量、提高阅读理解能力，还可以引发学生对生态问题的关注和思考。

其次，相关课程设计应突出生态主题，形成具有连贯性和深度的学习路径。例如，学校可以设计以"地球家园"为主题的课程模块，内容涉及自然环境、人类活动、生态保护等方面，通过案例分析、主题讨论、小组研究等方式，促使学生深入探究生态问题，培养学生的生态意识。

最后，教材和课程还应体现生态教育的跨学科特性。生态问题涉及地理、生物、化学、社会学等多个学科领域，因此，相关教材内容和课程设计应打破学科界限，引导学生从多元视角理解和分析生态问题。例如，教材可以引入关于酸雨的化学原理，让学生了解其成因；同时，也可以通过新闻报道、公众演讲等材料，让学生了解酸雨对环境和社会的影响，从而全面理解酸雨这一生态问题。

通过融入生态主题的英语教材与课程设计，学校可以引导学生关注环境保护、生态文明等问题，使学生在学习英语的同时，增强对生态问题的关注意识和责任感。这样的教学模式不仅有利于提升学生的语言技能，更有助于培养学生的生态意识和责任感。

二、提供多元化的生态教育活动

要培养具备生态意识的英语学习者，提供多元化的生态教育活动至关重要。这些活动能够让学生亲身参与，体验和理解生态问题，提升他们的环保行动力。

讲座和研讨会是有效的生态教育活动形式。学校可以邀请环保专家、学者或行业人士，为学生介绍生态问题的科学原理，以及人类如何通过科技和政策等手段解决这些问题。此外，通过研讨会，学生还可以深入讨论生态问题，分享各自的见解和想法，培养批判性思维能力。

实地考察也是一种重要的生态教育活动。例如，教师可以组织学生参观自然保护区，让学生观察和了解生态系统的运行；也可以组织学生参观废品回收站，让学生了解废品如何被处理和再利用。这些活动可以让学生直接观察并产生对于生态问题的思考,从而增强学生的生态意识和责任感。

此外,项目式学习也是一种有效的生态教育活动。学生可以组队开展关于环保的项目,如垃圾分类、节能减排、校园绿化等,并以英语进行报告和展示。这样的活动既可以提高学生的实践能力,也可以让学生充分意识到自己的行动可以对环境产生积极的影响。

三、加强跨文化交流与合作

要想培养具备生态意识的英语学习者,不仅要关注本地或国内的生态问题,更需要具有全球视野,促使学生理解和参与解决全球生态问题。为此,学校和教师应积极开展跨文化交流与合作,鼓励学生参加国际性的环保项目和活动。

在跨文化交流中,学生可以与不同国家、不同文化背景的人交流,共享关于生态问题的信息和观点。这样,学生不仅可以了解其他文化视角下的生态问题,也可以学习其他文化背景的人如何解决这些问题。此外,跨文化交流还可以帮助学生提高英语沟通能力,增强学生的跨文化理解能力。

在国际环保项目中,学生有机会参与全球范围内的环保活动,如联合国青年气候变化大会,或是国际环保组织开展的保护项目。这些活动可以让学生了解全球生态问题的严重性,以及全球社会如何合作应对。同时,参与这些项目也可以提高学生的国际合作意识和能力。

四、促进学生的独立思考和批判性思维能力

在培养具备生态意识的英语学习者的过程中,独立思考和批判性思维是必不可少的。面对复杂而多样的生态问题,学生需要有能力分析问题,理解问题背后的原因和影响,提出合理的解决方案。因此,教师在英语教学中,不仅要传授语言知识,更需要引导学生展开独立思考,激

第九章 英语教学中的生态教育与跨文化交流

发学生的批判性思维。

首先，教师可以设计一些具有挑战性的任务和问题，让学生在解决问题的过程中自我思考，自我探索。例如，教师可以让学生调研某一生态问题，如空气污染、塑料污染等，分析问题产生的原因和后果，提出解决方案，并以英语进行报告和展示。这样的任务既可以让学生实际应用英语知识，又可以培养学生的独立思考和问题解决能力。

其次，教师可以组织辩论、课堂讨论等活动，鼓励学生发表自己的观点，批判性地思考问题。在辩论中，学生需要用英语清晰地、有逻辑地表达自己的观点，反驳对方的观点，这对提高学生的英语口语表达能力和思辨能力都有很大帮助。

最后，教师还可以引导学生撰写英语论文，深入探讨生态问题。在写作过程中，学生需要对问题进行深入研究，展开批判性思考，提出自己的见解和解决方案。这种深度思考和深度写作，有助于提高学生的批判性思维能力，也可以让学生更深入地理解和关注生态问题。

五、强化实践与应用意识

实践是将知识转化为技能的重要途径，对于培养具备生态意识的英语学习者尤其重要。只有通过实践，学生才能将所学的英语知识和自身的生态意识结合起来，运用到真实的环境和生态问题之一。

首先，英语教学应该注重情景模拟和角色扮演。教师可以设计一些与环保、生态相关的情景，让学生进行角色扮演。例如，模拟联合国环保会议，让学生扮演各国代表，用英语讨论全球环境问题和解决方案。这样的活动既可以锻炼学生的英语口语和听力，也可以让学生在角色扮演中增强生态意识，积极了解和关注全球生态问题。

其次，学校和教师可以与环保组织或企业进行合作，让学生参与真实的环保项目。例如，参与河道清理、植树造林等活动，或者协助环保组织进行宣传和推广。在这样的实践活动中，学生可以运用英语知识进

217

行沟通和交流，同时也可以深入了解生态问题的严重性，意识到保护环境的重要性和紧迫性。

最后，教师可以引导学生将所学的英语知识和生态知识运用到日常生活中。例如，让学生用英语写一篇关于自己日常生活中的环保行为的文章，或者用英语发表关于环保的演讲。通过这样的写作和演讲，学生不仅可以应用英语知识，也可以深化自己对生态问题的理解，加强自己的生态意识。

英语教学中的生态教育与跨文化交流，对于培养具备生态意识的英语学习者具有重要意义。通过融入生态主题的英语教材与课程设计、提供多元化的生态教育活动、加强跨文化交流与合作等途径，教育工作者可以有效地培养学生的生态意识、跨文化沟通能力和对于全球发展的责任感。在全球化背景下，培养具备生态意识的英语学习者已成为英语教育的重要使命和方向。

第十章　生态翻译学的未来发展趋势与期望

第十章 生态翻译学的未来发展趋势与期望

第一节 语言生态系统的保护与复兴

语言生态系统的保护与复兴是生态翻译学未来发展的关键课题。随着全球化进程的加速，语言文化的多样性正在不断遭到冲击，语言生态系统面临着严峻的挑战。因此，保护语言生态系统并使其复兴成为生态翻译学研究中的重要任务。

生态翻译学通过认识语言生态系统的复杂性和多样性，以及翻译行为对语言生态系统的影响，提出对语言生态系统进行保护的措施。生态翻译学通过强调翻译行为的生态平衡性，让翻译者在实践中注重保护语言生态系统的多样性。同时，生态翻译学还提倡翻译者在翻译过程中尊重源语言和目标语言的文化背景，从而使源语言和目标语言的文化得以复兴。

除了在实践中保护语言生态系统外，生态翻译学还重视通过研究探索保护与复兴语言生态系统的最佳方法。生态翻译学研究者需要通过对语言生态系统的研究，深入了解语言生态系统的发展趋势及其面临的挑战，并为语言生态系统的保护与复兴提供科学的理论支持。同时，生态翻译学研究者还需要结合社会环境和文化背景，提出适用于不同语言文化的保护与复兴策略。

未来，生态翻译学将继续发展，并在语言生态系统的保护与复兴方面取得更多的成果。在未来，生态翻译学将不断推动翻译实践的生态化，从而为语言生态系统的保护与复兴做出积极的贡献。下面笔者将探讨语言生态系统的保护与复兴策略。

一、针对语言资源进行普查和评估，了解语言的使用情况，识别面临消失危险的语言，为语言保护提供依据

针对语言资源的普查和评估是语言生态系统保护与复兴工作的重要

基础。这个过程类似于生物学中的物种普查，是对语言生态系统的一种全面调查与评估。通过普查和评估，人们可以全面了解每种语言的使用情况，包括使用人数、使用频率、使用环境等信息，从而识别面临消失危险的语言，为语言保护提供科学依据。

（一）针对语言资源进行普查和评估的重要性

语言资源是人类文化的重要组成部分，是人类智慧的结晶。每种语言都承载着其使用者的文化、历史和生活方式，语言的多样性是人类多元文化的重要体现。然而，全球化进程中，小语种的消失现象日益严重，对人类文化多样性构成威胁。因此，针对语言资源的普查和评估具有重要意义。

（二）进行语言资源方面的普查和评估需具备专业的知识与技能

语言资源方面的普查需要广泛深入的社区调查，收集关于语言使用情况的各种数据。语言资源方面的评估则需要对收集的数据进行科学的分析和处理，确定每种语言面临消失危险的等级。这些工作需要翻译学、语言学、社会学等多学科的知识，也需要丰富的实践经验。

（三）语言资源的普查与评估工作还需要社会各界的支持和参与

政府部门、学术机构、社区组织、个人等都可以参与语言资源的普查和评估工作。政府部门可以提供政策支持和资金支持，学术机构可以提供专业指导和技术支持，社区组织和个人可以提供实地数据与实践经验。这样，研究者可以从各个层面、各个角度全面了解语言资源的实际使用情况，为语言保护制定科学、精准的策略。

进行语言资源普查的具体步骤和方法主要包括以下几个方面。

（1）确立普查目标和计划。这一阶段需要明确普查的范围、目标、预期结果等，确立整个普查过程的框架。例如，确定要普查的语言种类、地域范围，计划采用的数据收集方法，预计的工作进度等。

（2）数据收集阶段。这一阶段是语言资源普查的核心工作，包括直接与语言使用者进行交流、采访，收集有关语言使用情况的数据，也包括通过查阅文献、研究报告等获取相关信息。数据收集需要采用科学、有效的方法，以确保数据的真实性和完整性。

（3）数据整理和分析阶段。这一阶段需要对前一阶段所收集的大量数据进行整理、分类，然后运用科学的方法进行分析，得出关于语言使用情况、语言变迁趋势、语言保护需求等方面的结论。

（4）结果发布和反馈阶段。普查结果需要通过各种形式公之于众，供社会各界参考和合理利用。同时，也需要根据普查结果进行反思和总结，对普查工作进行评估和修正。

在实际操作中，语言资源普查的过程会遇到各种挑战，如数据收集难度大、数据处理方法复杂、结果使用率低等。针对这些挑战，可以采用多种解决策略，如优化数据收集方法、引入数据处理技术、提高普查结果的公众知晓度和应用性等。

以往的经验表明，科学、全面的语言资源普查可以有效地推动语言生态系统的保护与复兴工作。例如，联合国教育、科学及文化组织开展的"世界语言地图"项目，通过全球范围内的语言资源普查，成功地揭示了语言消失问题的严重程度，并推动了全球范围内的语言保护行动。

展望未来，随着科技的发展和社会的进步，语言资源普查的方法将越来越科学、高效。例如，大数据技术、人工智能技术等可以应用于语言资源的收集、处理和分析，使语言资源普查工作更加准确、快速。同时，公众对语言生态问题的认识也将不断提高，对语言资源普查工作的支持和参与也将更加广泛。

综上，进行语言资源方面的普查和评估是语言生态系统保护与复兴工作的重要环节，需要社会各界的共同参与和努力。期待未来在生态翻译学的指导下，语言资源能得到更加科学、全面的普查和评估，为语言生态系统的保护与复兴工作打下坚实的基础。

二、针对语言进行记录和研究,保存语言资源,促进语言的复兴和发展

对于语言的记录和研究是语言保护与复兴工作的基础和关键。通过对语言进行详尽的记录,人们可以保存宝贵的语言资源,通过深入的研究,人们可以理解语言的结构和功能,探索语言的变迁和发展,从而为语言的复兴和发展提供科学的依据和有效的手段。

(一)语言的记录工作:保存宝贵的语言资源

语言的记录工作是指将语言资源中的声音、文字、语法、词汇、故事等内容进行捕捉和保存的过程。这通常通过采访语言的使用者,录制有关语言的音频和视频,编写有关语言的字典和语法书等方式进行。

语言的记录工作是具有挑战性的。首先,需要找到足够数量的语言使用者进行采访和录制。这在很多已经被广泛使用的语言而言并不困难,但对于一些小语种和即将消失的语言来说,可能需要进行大量的田野调查和深入的社区工作。其次,语言的记录工作需要精确而全面。不仅需要捕捉语言资源中的声音和文字,还需要理解和记录语言的语法结构、词汇意义和文化背景等内容。最后,语言的记录工作需要长期的维护和更新。语言是不断变化和发展的,因此,人们需要不断更新语言的记录,以反映语言发展变化的最新状况。

尽管面临诸多挑战,语言的记录工作仍然取得了许多重要的成果。例如,总部位于美国俄勒冈州塞勒姆的濒危语言振兴协会(Living Tongues Institute for Endangered Languages),该机构通过与全球的语言学家和语言社区合作,建立了一个包含许多世界濒危语言的数字语言库。这一语言库不仅保存了有关语言资源的音频、视频、文字等内容,还包含大量的语言学研究资料,对语言的保护和复兴工作提供了宝贵的资源。

（二）语言的研究工作：理解语言，推动语言的复兴和发展

与语言的记录工作相比，语言的研究工作更加深入和全面。语言的研究工作包括对语言的结构、功能、变迁、社会文化背景等方面进行深入的探索和分析。这通常需要在语言学、社会学、心理学、人类学等多学科的交叉领域进行。

在生态翻译学理论中，语言的研究工作可以帮助人们理解语言生态系统的复杂性和多样性，从而为语言的保护和复兴提供科学的理论支持。例如，通过研究语言的社会功能和文化背景，人们可以了解语言的社会地位和文化价值，从而提出更加符合语言实际情况的保护和复兴策略。通过研究语言的变迁，人们可以预测语言的未来发展趋势，从而提前做好濒危语言保护工作的准备。

在未来，人们应该进一步推进语言的记录和研究工作，使其更加系统、科学和全面。人们应该利用最新的科研方法和技术，如人工智能、大数据等，对语言进行更加精确和深入的记录与研究。人们应该强化多学科的交叉和融合，把语言学、社会学、心理学、人类学等领域的研究成果融入语言保护和复兴工作中。人们还应该积极倡导和推广语言的记录和研究工作，提高公众对语言保护和复兴的重视程度与参与度。

三、强化对少数民族语言和地方语言的保护

在全球化的趋势下，诸多少数民族语言和地方语言的存续与发展面临着巨大的挑战。由于社会、经济等多方面因素的影响，许多少数民族语言和地方语言的使用者转向使用主流语言，这导致少数民族语言和地方语言的使用率逐渐下降，甚至面临着消亡的危险。生态翻译学认识到了这一问题，提出要通过科学研究、教育、立法和实践等手段，保护和复兴这些语言，以支持和维护多元语言生态。

（一）语言研究：揭示语言的意义与价值

生态翻译学着重研究语言生态系统的复杂性和多样性，强调语言与文化、社会、人类思维之间的紧密关系。通过深入研究少数民族语言和地方语言，人们不仅可以了解其语言结构和语法特点，更能理解其所承载的丰富文化信息和社会历史记忆。相关研究可以为保护和复兴这些语言提供理论依据和实践指导，同时也可以揭示这些语言对于人类语言多样性和文化多元性的重要价值。

（二）语言教育：培养语言使用者和传承者

对于语言的使用和传承离不开足够的语言使用者。因此，人们需要通过教育手段，尤其是通过少数民族语言和地方语言教育，培养新一代的语言使用者和传承者。这一点可以通过开设语言课程、编写语言教材、建立语言社区等方式实现。例如，新西兰就通过在学校开设毛利语课程，成功地提高了毛利语的使用率，为毛利语的复兴做出了重要贡献。

（三）立法和政策支持：保护语言使用权，推动实现多语种环境

除了科学研究和教育外，立法和政策支持也是保护和复兴少数民族语言和地方语言的重要手段。制定语言保护相关的法律和政策，可以保护语言使用者的语言使用权，禁止对语言使用者的歧视和排斥，推动建立多语种的社会环境。例如，南非共和国的宪法就规定了 11 种官方语言，保证了这些语言使用者的语言使用权，为南非共和国的语言多样性提供了强大的法律保障。

此外，生态翻译学强调在实践中寻找和实施有效的语言保护和复兴策略，涉及语言活动的组织、语言资源的保存、语言环境的营造等多种形式。例如，组织语言文化节可以让更多的人了解和接触少数民族语言和地方语言，提高其社会地位和影响力；建立语言文化博物馆，可以有效保存和展示各种语言资源，为语言的研究和教学工作提供物质基础。

四、促进多语种的使用和传播

在全球化的语境中,促进多语种的使用和传播具有至关重要的意义。这种做法既能够保护并发展语言多样性,同时也能够加强个体与社群的交流和互动,提升社会的包容性与多元性。因此,生态翻译学特别强调推广多语言政策,并鼓励个人和组织使用多种语言进行交流与沟通。

(一)推广多语言政策

多语言政策是保障语言多样性和推动多语种环境构建的重要手段。具体的实施策略包括提供多语言的公共服务、实施多语言教育、保障各种语言的使用权和传播权等。例如,加拿大的官方双语政策就是一个典型的案例。这一政策保障了英语和法语在加拿大的平等地位,使得加拿大成为双语国家。而欧盟则实施了更为广泛的多语言政策,注重尊重和保护成员国的语言权益。

(二)鼓励使用多语种进行交流与沟通

为了实现多语种环境,人们需要在日常生活和工作中积极使用多语种进行交流与沟通。这不仅需要提升个体的多语能力,也需要营造一种鼓励多语交流的社会环境。例如,企业可以设立多语言工作组,激励员工使用不同的语言进行交流和合作;学校可以组织涉及多语种的文化活动,提升学生对不同语言和文化的了解度与接纳度。

(三)利用科技手段推动多语种的传播

现代科技,特别是信息技术的发展,为多语种的传播提供了新的可能。例如,人们可以通过互联网平台进行多语种的学习和交流,打破地域与时间的限制;人们也可以通过现代翻译技术,如人工智能翻译,提升多语种的可访问性和可理解性。

在这个过程中,人们应该注意到,每一种语言都有其独特的价值和意义。人们应该尊重和欣赏语言的多样性，而不是将某种语言视为优越的或者劣质的。同时，人们也应该认识到，多语种环境的建立，需要社会各界的共同努力和广泛参与。

五、加大政策支持和资金投入

在维护和推动语言生态系统的复兴过程中，政策支持和资金投入起着决定性的作用。为了加强这方面的努力，政府、学术界和企业界必须携手共同努力，为生态翻译学的发展以及语言生态系统的复兴提供更多政策支持和资金投入。

（一）政策支持

政府应该发挥领导作用，制定并实施相关政策，以鼓励和促进语言生态系统的保护与复兴工作。例如，政府可以通过立法，保护和支持少数民族语言和方言的使用权，防止这些语言在全球化的大背景下逐渐消亡。同时，政府还可以制定和实施教育政策，鼓励多元语言的学习和使用，引导公众正确认识和尊重语言多样性。

除此之外，政府也可以通过政策引导企业和社区积极参与语言生态保护的具体行动。例如，可以给予那些采取多语言政策或者支持少数民族语言项目的企业一定的税收优惠或者其他形式的激励。

（二）资金投入

充足的资金是大多数项目成功的关键，语言生态保护工作也不例外。政府、学术界和企业界都应该加大在这方面的资金投入。

政府可以设立专项基金，支持语言生态研究和保护项目；学术界可以设立奖学金或者研究资助，鼓励学者和学生进行相关研究；而企业则可以通过赞助和投资的方式，支持语言生态保护项目，或者自主进行相关的企业社会责任项目。

（三）国际交流与合作

面对全球化的挑战，人们需要探索语言生态系统问题的解决方案。国际交流与合作在此过程中起着关键作用。政府可以通过签署国际协议，或者参与国际组织，推动全球范围内的语言生态保护工作。

与此同时，学术界也可以通过国际会议、合作研究等方式，分享和传播生态翻译学与语言生态保护的研究成果，促进全球语言生态保护在理论和实践层面的协同发展。

六、社会宣传与推广

（一）重视社会宣传与推广的重要性

社会宣传与推广工作在生态翻译学发展与语言生态保护中占有举足轻重的地位。大众对于语言生态问题的认识程度和重视程度直接影响生态翻译学的发展速度和质量。为了让更多人了解并理解语言生态问题，需要积极开展科普活动、制作宣传材料、在媒体上发布相关报道等，从而形成有利于促进生态翻译学发展的良好社会氛围。

（二）科普活动的开展

科普活动是让大众了解和理解生态翻译学及其重要性的有效途径。这些活动可以采用讲座、研讨会、展览、互动体验等形式。例如，可以邀请生态翻译学的专家学者进行公开讲座，解释语言生态的相关概念，阐述语言生态保护的重要性和方法；也可以举办与语言生态保护相关的展览，让公众直观体验语言生态的多样性和脆弱性。

（三）制作宣传材料

宣传材料是传播生态翻译学的有效工具，可以采用海报、手册、视频等形式。这些材料应该包含简洁明了的语言信息，生动形象的示例和引人入胜的设计，以吸引公众的注意力和兴趣。

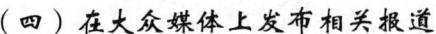

(四)在大众媒体上发布相关报道

大众媒体是社会宣传的重要途径。可以通过在电视、网站社交媒体等平台发布关于生态翻译学的报道,让更多人了解和关注语言生态问题。

七、注重实际应用与实践

(一)实际应用与实践的重要性

生态翻译学的研究工作并非孤立存在于理论的高塔中,而是需要深入到社会实践中去。生态翻译学的理论研究工作应与实际应用需求相结合,开展具有实际影响力的语言生态保护项目。只有这样,生态翻译学的理论研究工作才能在推动语言生态保护政策的制定与实施方面发挥积极作用,为语言生态系统的复兴做出实质性贡献。

(二)开展具有实际影响力的语言生态保护项目

语言生态保护项目是生态翻译学实际应用的主要载体。这些项目可以是语言资源普查、语言教育、语言保护区建设等。语言资源普查可以帮助人们全面了解语言资源的现状,为语言生态保护政策的制定提供科学依据。语言教育可以培养语言使用者和传承者,为语言的传承和发展提供人才支持。语言保护区建设可以为濒危语言的使用和传承提供环境支持。

(三)推动语言生态保护政策的制定与实施

生态翻译学应当参与语言生态保护政策的制定与实施过程。例如,生态翻译学可以参与语言资源普查政策、语言教育政策、濒危语言保护政策等的制定与实施环节。同时,生态翻译学还应通过对科研成果的公开和推广,引导社会公众和决策者对语言生态问题予以关注和重视,从而推动语言生态保护政策的制定与实施。

生态翻译学的未来发展趋势将聚焦于语言生态系统的保护与复兴。

第十章　生态翻译学的未来发展趋势与期望

通过加强对少数民族语言和地方语言的保护力度、促进多语种的使用和传播、跨学科合作和国际交流、创新研究方法和手段、加大政策支持和资金投入、社会宣传与推广、注重实际应用与实践，以及培养跨学科和国际化人才等多方面的努力，生态翻译学将为全球语言生态系统的保护和发展做出更大贡献。

第二节　技术创新在生态翻译学中的应用

一、人工智能技术在生态翻译学中的应用

人工智能技术在生态翻译学中的应用表现在多个方面，人工智能技术改变了传统的翻译方式，提高了翻译的效率与质量，同时也对保护语言多样性产生了积极影响。由于人工智能技术的广泛应用，生态翻译学的发展呈现出新的活力和可能性。

（一）人工智能技术提高翻译效率

传统的翻译过程往往是烦琐且耗时的，特别是对于篇幅长的文档，翻译者可能需要花费大量时间进行翻译。然而，人工智能技术的应用使这个过程大大加快。翻译者可以使用机器翻译技术快速生成翻译初稿，节省大量时间和精力。这种技术对于长篇幅、实时性强的文档翻译任务，如新闻报道、技术文本等，具有显著的优势。

（二）人工智能技术有效提高翻译质量

通过自然语言处理（NLP）技术，人工智能可以对文本进行语法、语义等方面的深入分析，人工智能技术利用大数据和算法的力量，可以迅速处理和解析大量的语言数据，包括不同语种的词汇、语法结构、语境等等。这些语言数据被用于训练语言模型，使得人工智能可以学习和

理解人类语言。例如，通过深度学习算法，人工智能可以分析和掌握大量的翻译实例，从而学习如何将一种语言翻译成另一种语言。这个过程通常涉及词义的匹配、语法结构的转换、文化背景的理解等方面。

（三）翻译者可以使用人工智能技术快速生成翻译初稿

人工智能的翻译速度快，可以在几秒钟内完成大量的文本翻译，而传统的人工翻译则需要花费更长的时间。人工智能技术的应用大大节省了翻译活动所需的时间和精力，使得翻译者可以将更多的精力放在对翻译质量的提升上。

另外，人工智能设备还可以通过自然语言处理（NLP）技术，对翻译文本进行语法、语义等方面的深入分析。NLP技术可以识别和理解人类语言中的复杂结构，包括词汇、短语、句子等等。通过这种分析，人工智能可以更准确地理解原文的意思，从而提高翻译的准确性。

与此同时，人工智能技术还能够学习和模仿人类的语言习惯和风格。通过对大量语言数据的学习，人工智能可以模仿人类的语言风格，包括词汇的选择、句子的结构、语气的表达等。这种语言模仿的能力，使得人工智能翻译的结果更接近人类的语言表达，增加了翻译的自然性和流畅性。

（四）人工智能技术有助于保护语言多样性，促进跨文化交流

人工智能技术也有助于保护语言的多样性。在全球化的背景下，濒危语言的消亡和被同化成为严重的问题。然而，人工智能技术可以帮助人们保护和保存那些面临消亡的语言。通过收集和分析这些语言的数据，人工智能可以建立语言模型，用于翻译和教学。这不仅可以帮助人们理解和保护这些语言的文化价值，也可以促进语言的多样性和生态平衡。人工智能技术还可以帮助人们更好地进行跨文化交流。应用人工智能技术的语言系统可以提供多种语言的翻译服务，使得人们可以更容易地理解和使用不同的语言，从而更好地进行跨文化交流。

第十章 生态翻译学的未来发展趋势与期望

（五）人工智能技术在生态翻译学中的挑战和前景

尽管人工智能技术在翻译领域的应用具有许多优势，但也存在一些挑战。首先，人工智能翻译的质量仍然不能完全替代人工翻译。尽管人工智能翻译的准确性和流畅性有了显著的提高，但在处理复杂的语义和文化背景时，仍然存在一些困难。此外，人工智能翻译也无法完全理解和表达人类的情感以及个性化的语言风格。例如，智能语言系统的使用可能会导致人们过度依赖机器翻译，忽视了人工翻译的重要性。翻译者不仅可以理解和处理复杂程度高的语言问题，还可以理解和处理复杂程度高的文化问题。因此，人们需要找到一种平衡，既能充分利用人工智能技术的优势，又能保持对人工翻译的重视。人工智能技术也可能加剧语言使用的不平等现象。因为那些无法接触或使用人工智能技术的人可能会被排除在语言的只能化学习和应用之外。因此，需要努力确保人工智能技术能够惠及所有人，而不仅仅是部分人群。

随着技术的进步，笔者有理由相信这些问题将会得到解决。人工智能技术在翻译领域的应用仍然处于发展阶段，未来的可能性是无限的。期待人工智能技术能够更好地服务于生态翻译学，为人们提供更高效、更高质量的翻译服务，同时也能够更好地保护和促进语言的多样性和生态平衡。

二、网络技术在生态翻译学中的应用

网络技术在生态翻译学中的应用，尤其是在语言生态学的研究和传播方面，已经成为一种不容忽视的力量。网络技术的发展，特别是移动互联网技术的普及，使得语言生态学的研究和传播变得更为便捷。通过建立在线语言生态系统数据库，研究人员可以更为容易地收集、整理和分享语言生态信息。此外，人们还可以通过在线教育平台，推广语言学习，特别是对于濒危语言的学习，从而保护语言的多样性。

在过去的几年里，人们已经见证了网络技术应用于生态翻译学所带来的显著效果。例如，一些网络平台已经开始提供有关少数民族语言的在线学习资源。这些资源不仅对语言学习者有利，也为语言传承者提供了一个传播语言和文化的平台。此外，网络技术也可以将语言学者、社区成员和政策制定者联合起来，共同讨论并解决语言生态问题。

然而，网络技术在生态翻译学中的应用并不仅仅限于这些。而且随着技术的不断进步，人们可以预见网络技术在生态翻译学中的应用将会拥有更多的可能性。

首先，网络技术可以帮助人们更好地理解和研究语言生态系统。通过网络技术，人们可以收集和分析大量的语言数据，这些数据可以帮助人们更深入地理解语言生态系统的运作机制。例如，人们可以通过网络技术收集不同地区、不同社区的语言使用数据，通过分析这些数据，人们可以了解语言使用的地理分布、社会因素对语言使用的影响等等。这些信息对于人们理解语言生态系统，以及制定有效的语言保护政策都是非常重要的。

其次，网络技术可以帮助人们更有效地保护和传承语言。通过网络技术，人们可以建立在线语言学习平台，提供各种语言学习资源，使得更多的人可以学习和使用各种语言。这不仅可以帮助人们保护那些面临消亡的语言，也可以促进语言的多样性。此外，网络技术还可以帮助人们建立在线语言社区，这些社区可以为语言学习者提供一个在线交流和学习的平台，也可以为语言传承者提供一个分享和传播语言和文化的场所。这种在线社区的形式，不仅可以帮助语言学习者更好地理解和掌握语言，也可以帮助语言传承者保持他们所传承的语言和文化的活力。

此外，网络技术还可以帮助人们更好地进行跨文化交流。在全球化的背景下，跨文化交流变得越来越重要。然而，由于语言障碍，跨文化交流往往充满了挑战。网络技术，特别是在线翻译工具，可以帮助人们克服这个问题。通过在线翻译工具，人们可以更容易地理解和使用不同的语言，从而更好地进行跨文化交流。

网络技术在生态翻译学中的应用还体现在其对翻译教育的影响上。传统的翻译教育往往局限于课堂，而网络技术的发展使得翻译教育可以"跳出"课堂，变得更为灵活和多元。例如，通过在线教育平台，学生可以在任何地方、任何时间学习翻译理论和技能，这大大提高了学习的效率和便利性。此外，网络技术还可以提供丰富的学习资源，如在线词典、翻译工具、语料库等，这些资源可以帮助学生更好地学习和实践翻译理论与技能。

然而，尽管网络技术在生态翻译学中的应用具有许多优势，但也存在一些挑战。例如，网络技术的普及使得人们对于语言的使用越来越依赖于技术，这可能会对语言使用的自然发展产生影响。此外，网络技术的发展也可能加剧语言的不平等现象，因为那些无法接触或使用网络技术的人很可能会被排除在语言的智能化学习和应用之外。

第三节 国际合作与跨学科整合

国际合作与跨学科整合在生态翻译学的发展中起着非常重要的作用。在全球化的背景下，生态翻译学需要国际交流和合作，以确保研究的广泛性和全面性。同时，生态翻译学是一门多元化的交叉学科，涉及众多不同领域的知识，通过跨学科整合，生态翻译学能够更好地服务于语言生态系统的保护和发展。

一、深化国际合作

在全球化的背景下，生态翻译学的发展需要国际交流和合作。这种合作不仅可以促进学科的发展，还可以帮助人们更好地理解和保护全球的语言生态系统。为了实现这个目标，人们需要深化国际合作，包括以下几个方面。

（1）建立跨国的研究团队。这些团队可以由来自不同国家和地区的研究者组成，研究者之间可以共享研究资源，共同开展研究项目。通过这种方式，人们可以充分利用全球的研究资源，提高研究的效率和质量。

（2）开展多国联合的研究项目。这些项目可以涵盖生态翻译学的各个领域，如语言生态学、翻译理论、翻译技术等。通过这种方式，人们可以汇聚全球的智慧，共同应对生态翻译学面临的问题和挑战。

（3）共享研究资源和成果。这包括研究数据、研究方法、研究结论等。通过共享这些资源，人们可以避免重复的工作，提高研究的效率。同时，这也可以促进研究成果的传播和应用，提高研究的影响力。

（4）借助国际组织和机构的力量，制定全球性的语言生态保护政策和标准。这些政策和标准可以为全球的语言生态保护提供指导，提高生态翻译的实效性。

二、拓展跨学科整合的广度

跨学科整合在生态翻译学中的重要性不言而喻。生态翻译学是涉及多个学科的交叉领域，其涉及的学科包括但不限于环境保护、教育、心理学、人类学等。这些学科的知识和理论为生态翻译学提供了丰富的理论资源和研究方法，使得生态翻译学能够从多角度、多层面研究和解决语言生态问题。

环境保护学的理论和方法可以帮助认们更好地理解语言生态系统的运行机制，以及人类活动对语言生态系统的影响。例如，认们可以借鉴生态学的方法，通过对语言使用情况的观察和记录，了解语言生态系统的结构和功能，以及语言生态的地理分布、季节变化等特征。同时，环境保护学的理念也提醒人们，语言生态系统的保护和恢复同样需要人们的关注和努力。

教育学的理论和方法可以帮助人们更有效地推广语言学习，特别是濒危语种的学习。例如，人们可以借鉴教育学的教学方法，设计出适合不同年龄、不同学习需求的语言学习课程，使得更多的人有机会学习和使用各种语言。同时，教育学的理念也提醒人们，语言学习不仅是获取知识的过程，更是个人成长和参与社会的过程。

心理学的理论和方法可以帮助人们更深入地理解语言使用的心理机制，以及语言使用对个人心理和社会关系的影响。例如，研究者可以借鉴心理学的研究方法，通过实验和调查，了解人们在不同语境下的语言选择、语言态度、语言偏见等心理现象。同时，心理学的理念也提醒人们，语言使用是有关个人身份认同和社会归属感的重要表达。

人类学的理论和方法可以帮助人们更全面地理解语言使用的文化背景，以及语言使用对社会文化的塑造和反映。例如，人们可以借鉴人类学的田野调查方法，通过深入社区的观察和参与，了解语言使用的社会规范、文化习俗、传统信仰等文化因素。同时，人类学的理念也提醒人们，语言使用是人类文化多样性和创新的重要来源。

三、培养跨学科人才

为了实现国际合作与跨学科整合的目标，生态翻译教育应培养具有国际视野和跨学科背景的翻译人才。这意味着翻译专业课程设置应涵盖多元化的知识领域，促使学生具备跨学科的思维能力。同时，鼓励学生参加国际交流项目，提高学生的跨文化沟通能力和国际合作意识。

在全球化的背景下，翻译人才需要具有国际视野和跨学科背景。国际视野意味着翻译人才需要具备全球化的思维方式和视角，能够理解不同文化和语言的差异，能够在全球范围内进行有效的沟通和合作。跨学科背景则意味着翻译人才需要掌握多元化的知识和技能，能够在不同的学科领域进行有效的翻译和交流。

为了培养具有国际视野和跨学科背景的翻译人才，翻译专业课程设置应涵盖多元化的知识领域。这不仅包括传统的语言学和翻译学知识，还应包括其他相关的学科知识，如文化学、社会学、心理学、计算机科学等。这样，学生不仅能够掌握翻译的基本技能，还能够理解和处理翻译过程中涉及的复杂问题，如文化差异、社会背景、心理因素等。

同时，应当鼓励学生参加国际交流项目，提高学生的跨文化沟通能力和国际合作意识。通过参加国际交流项目，学生可以接触不同的文化和语言环境，提高自身跨文化沟通的能力和敏感性。通过与其他国家的学生和教师展开交流、合作，学生可以提高国际合作的能力和意识，为其未来的国际化职业生涯打下坚实的基础。

四、创新研究方法

在国际合作与跨学科整合的过程中，生态翻译学应不断创新研究方法，以提高研究的有效性和准确性。例如，可以运用大数据分析、人工智能技术、计算语言学等领域的方法，对语言生态现象进行定量与定性研究。同时，可以引入其他学科的理论与方法，如生态学、系统科学、地理信息科学等，为生态翻译研究提供更全面的分析视角和更深入的理论支持。

在全球化的背景下，生态翻译学的研究方法也需要与时俱进，以适应复杂多变的语言生态环境。大数据分析、人工智能技术和计算语言学相关技术等新兴技术为生态翻译研究提供了新的工具和视角。通过这些技术，人们可以从大量的语言数据中提取有用的信息，对语言生态现象进行更深入、更精确的分析。例如，人们可以通过大数据分析，研究不同地区、不同社群的语言使用情况，了解语言生态的地理分布和社会影响。通过人工智能技术，人们可以模拟语言的演变过程，预测语言生态的未来变化。通过计算语言学，人们可以从计算的角度理解和解释语言生态现象，提供更科学、更客观的研究结果。

同时，生态翻译学也应积极引入其他学科的理论与方法，以提供更全面的分析视角和更深入的理论支持。生态学、系统科学、地理信息科学等学科的理论和方法，可以帮助人们从生态的角度理解语言现象，从系统的角度分析语言生态的动态变化，从地理的角度研究语言生态的空间分布。这些跨学科的理论与方法，不仅可以丰富生态翻译研究的内容和形式，也可以拓展研究的深度和广度，为生态翻译研究提供更多的创新点和突破口。

五、建立跨学科研究平台

为了促进国际合作与跨学科整合的发展，可以考虑建立跨学科研究平台，将生态翻译学与其他相关学科紧密结合，提供一种集研究、教育、实践为一体的交流空间。这样的平台可以增进学者之间的合作与交流，促成更多具有创新性的研究成果，同时为学生提供更丰富的学习资源和实践机会。

跨学科研究平台是实现生态翻译学国际合作与跨学科整合的重要手段。这样的平台可以将不同学科领域的学者聚集在一起，共同探讨和研究生态翻译相关问题。这不仅可以促进学者之间的交流与合作，提高研究的效率和质量，也可以促成更多的创新性研究成果，推动生态翻译学的发展。

此外，跨学科研究平台也可以为学生提供更丰富的学习资源和实践机会。学生可以在平台上接触不同学科的知识和观点，拓宽自己的学术视野，提高自己的跨学科思维能力。同时，学生也可以通过参与平台上的研究项目，获取实践经验，提高自己的研究能力和实践能力。

然而，建立跨学科研究平台并非易事，需要人们克服许多挑战。首先，人们需要找到一种合适的平台模式，既能满足不同学科的需求，又能促进学者之间的交流与合作。其次，人们需要找到一种有效的管理机制，以确保平台的运行效率和质量。最后，人们需要找到一种可持续的发展模式，以确保平台的长期发展和稳定运行。

六、加大政策支持与资金投入

推动生态翻译学领域的国际合作与跨学科整合,需要政府、学术界和企业界共同努力,提供更多的政策支持和资金投入。专项研究支持可以包括设立专项研究基金、鼓励企业参与语言生态保护项目、提供国际交流与合作的政策便利等。

生态翻译学的发展离不开政策和资金的支持。政府可以通过设立专项研究基金,为生态翻译研究提供稳定的资金来源。这些基金可以用于资助基础研究、应用研究、人才培养等各个方面,以推动生态翻译学的全面发展。同时,政府也可以通过制定相关政策,鼓励企业参与语言生态保护项目,将企业的力量引入生态翻译的实践中,提高语言生态保护的效果。

学术界也应积极参与生态翻译学的发展。学者可以通过开展跨学科研究,提出具有创新性的理论和方法,推动生态翻译学的理论发展。同时,学者也可以通过教学,培养出更多的生态翻译人才,为生态翻译学的发展提供人才支持。

企业界也可以为生态翻译学的发展做出贡献。企业可以通过投资研究项目,提供实践平台,帮助学者和学生将理论应用于实践,提高生态翻译学的实践价值。同时,企业也可以通过参与语言生态保护项目,利用自身的资源优势,为语言生态的保护做出实质性的贡献。

七、加强社会宣传与推广工作

为了提高社会公众对生态翻译学的认识和重视程度,应加强相关宣传与推广工作。这不仅可以提高公众对语言生态问题的认识,也可以提高生态翻译学的社会影响力,从而形成有利于生态翻译学国际合作与跨学科整合发展的良好社会氛围。

公众科普活动是一种有效的宣传方式。通过举办各种形式的公众科普活动，如讲座、研讨会、展览等，可以让更多的人了解语言生态的重要性，理解生态翻译学的研究内容和目标。这些活动可以在学校、社区、企业等各种场合进行，以覆盖不同的人群，扩大生态翻译学的社会影响力。

制作宣传材料也是一种重要的宣传方式。这些材料的呈现形式可以包括海报、宣传册、视频等，内容可以包括生态翻译学的基本概念、研究成果、案例分析等。这些材料可以在各种场合使用，如学术会议、公众活动、网络社交平台等，以吸引更多的人关注生态翻译学。

借助媒体发布相关报道也是一种有效的宣传方式。通过新闻报道、专题报道、访谈等形式，可以让更多的人了解生态翻译学的最新研究进展和实际应用。这些报道不仅可以提高公众对生态翻译学的知悉度，也可以引发公众对语言生态问题的关注和讨论。

八、落实实际行动

在国际合作与跨学科整合方面，生态翻译学应积极推动实际行动，以实现保护语言生态的目标。这包括制定具体的保护措施，例如支持对于地方语言和文化的保护与传承、构建多语种的环境、鼓励翻译和传播少数民族语言等。同时，通过跨学科整合和国际合作，开展具有实际影响力的语言生态保护项目，为语言生态系统的复兴做出实质性贡献。

总的来说，国际合作与跨学科整合对生态翻译学的发展具有重要意义。在未来，生态翻译学将进一步深化国际合作与跨学科整合，以提升研究水平和实践水准，更好地保护和发展全球语言生态系统。实现这一目标，需要政府、学术界、企业界等社会各界的共同努力和支持。通过深化国际合作、拓展跨学科领域、培养跨学科人才、创新研究方法、建立跨学科研究平台、加大政策支持与资金投入、加强社会宣传与推广工作等多方面的举措，生态翻译学将不断发展壮大，为全球语言生态系统的保护和发展做出更大贡献。

在这个过程中，人们需要认识到，每一种语言都是人类文化的重要组成部分，都值得人类用心保护和传承。生态翻译学不仅是一门学科，更是一种强调尊重与保护语言多样性和文化多样性的科学领域。期待通过生态翻译学的努力，每一种语言都能在全球语言生态系统中找到自己的位置，每一种文化都能得到充分的尊重和发展。

第四节　生态翻译教育的发展与完善

生态翻译教育是生态翻译学的重要组成部分，对于保护语言生态系统的多样性和推动语言生态系统的复兴具有重要作用。生态翻译教育的目标是培养具有生态翻译意识和能力的翻译人才。

生态翻译教育的发展需要基于生态翻译学的最新研究成果，以保证教学内容的先进性和全面性。同时，需要加强生态翻译学科的科研和学术交流，推动生态翻译教育的发展。此外，生态翻译教育需要根据生态翻译学科的发展情况，科学设置生态翻译课程，使学生能够更好地了解语言生态系统的形成、发展、多样性与保护等问题；强化生态翻译课程的实践教学，使学生能够更好地掌握生态翻译的实际操作技能。

在学生培养方面，生态翻译教育需要加强对于学生的生态翻译意识和能力的培养，使学生能够在实际工作中充分发挥生态翻译的价值。同时，需要加强对于学生的创新精神和实践能力的培养，以促进生态翻译学科的发展。

在国际交流与合作方面，生态翻译教育需要加强国际交流与合作，以推动生态翻译学科的国际化发展，并为学生提供更多的国际化实践机会。例如，可以通过组织国际研讨会和学术交流，以及开展国际合作项目等形式，加强生态翻译领域的国际交流与合作。

在生态翻译教育的发展与完善过程中，还需要关注以下几个方面。

（1）培养翻译师资队伍：需要培养一支具有生态翻译意识和专业素养的师资队伍，鼓励翻译教师参与生态翻译相关的研究项目，提高翻译教师在生态翻译领域的理论素养和实践经验，同时加强翻译教师之间的交流与合作，鼓励教师之间分享教学经验和资源。

（2）整合跨学科资源：生态翻译教育涉及多个学科，如生态学、语言学、跨文化交际学等。因此，需要整合各学科资源，建立跨学科合作机制，以期为翻译人才培养工作提供更全面、更深入的知识体系。

（3）拓展翻译实践渠道：需要拓展翻译实践渠道，例如，高校与企业、政府机构、非政府组织等合作，为学生提供实习、实践、志愿服务等机会，使学生能在实践中掌握生态翻译的理念和方法。

（4）关注对于弱势语言和文化的保护与传承：生态翻译教育应强调对于弱势语言和文化的保护与传承，让学生了解语言与文化重要性和价值。同时，鼓励学生学习和研究弱势语言，为这些语言和文化的传播与发展做出贡献。

（5）创新教学方法：教师需要不断创新教学方法，将最新的教育理念、技术手段与生态翻译教育相结合，提高教学质量。例如，利用多媒体技术、网络资源等，丰富教学手段，激发学生的学习兴趣和主动性。

（6）加强评价与反馈机制：需要建立健全评价与反馈机制，通过对教学成果、教学方法、课程设置等方面的评价，及时发现问题并加以改进。此外，鼓励学生、教师和其他利益相关方积极参与评价与反馈，以提高教育质量。

（7）建立长期发展规划：需要建立长期发展规划，以确保教育质量和人才培养目标的可持续性。这包括定期评估教育目标、课程设置、师资队伍等方面，制定相应的改进措施，以适应生态翻译学科的发展和社会需求的变化。

（8）建立良好的校企合作关系：高校需要与企业、政府机构等紧密合作，共同为学生提供实践机会和就业指导。通过校企合作，学生可以更好地理解生态翻译在实际工作中的应用和价值，提高自身的就业竞争力。

（9）鼓励终身学习：应鼓励学生养成终身学习的习惯，通过参加培训课程、学术研讨会等活动，不断提高自身的专业素养和实践能力。此外，学校和教师应为翻译人才持续提供教育资源，帮助翻译人才更新知识、提升技能。

（10）提高社会认知度：需要提高社会认知度，让更多的人了解生态翻译的重要性和价值。可以通过举办公开讲座、研讨会等活动，以及与媒体、社交网络等平台合作，积极宣传生态翻译教育的理念和成果。

第五节　生态翻译伦理观的重塑与传播

在生态翻译学的理论框架下，本节将重点讨论生态翻译伦理观的重塑与传播。伴随着全球化和跨文化交流的加速发展，翻译伦理的重要性日益凸显。生态翻译伦理观旨在提升翻译质量，尊重文化差异，保护语言生态，并推动翻译学科的可持续发展。

一、生态翻译伦理观的重塑

生态翻译伦理观的重塑主要包括以下几个方面。

（1）增强翻译者的生态意识：培养翻译者关注语言生态、文化多样性的意识以及跨文化交流的能力，使翻译者在实践中能自觉遵循生态翻译伦理观。翻译者需要在翻译过程中，不仅关注对于文本的准确传达，还要关注传承和传播源语言和目标语言中的文化、历史、思想等元素。

（2）深化翻译教育：将生态翻译伦理观融入翻译教育体系，使学生在学习过程中能充分理解和掌握生态翻译伦理观的理念与方法。高校需要对翻译课程进行改革，加强生态翻译伦理观相关的理论教学和实践教学，帮助学生树立正确的翻译观念。

（3）科学构建翻译评价体系：应构建以生态翻译伦理观为核心的翻译评价体系，以确保翻译实践遵循生态翻译伦理观的要求，提高翻译质量。这需要在翻译评价体系中增加对翻译者在尊重文化差异、保护语言生态方面的表现的评价，从而使翻译质量评价更加全面和客观。

（4）完善行业准则：翻译行业组织和企事业单位应当制定和完善翻译行业的伦理准则，将生态翻译伦理观纳入其中，以规范翻译实践。翻译行业组织和企事业单位还应制定和完善对于翻译工作的管理制度，以确保翻译活动遵循生态翻译伦理观。

二、生态翻译伦理观的传播

在生态翻译伦理观的传播方面，需要从以下几个方面进行深入研究和探讨。

（1）学术研究：对于生态翻译伦理观的学术研究是传播生态翻译伦理观的基础。人们需要通过论文、专著等形式，深入探讨生态翻译伦理观的理论内涵、应用方法以及实践价值。这不仅可以为翻译学科的发展提供理论支持，也可以通过发布研究成果，促进同行交流探讨，不断完善生态翻译伦理观的理论体系。

（2）学术交流：学术交流是传播生态翻译伦理观的重要途径。人们可以通过举办国际国内翻译学术研讨会、讲座等活动，促进生态翻译伦理观在学术界的传播。这些活动可以帮助翻译工作者了解最新的研究动态，拓宽国际视野，为翻译实践提供有益的启示。

（3）教育推广：教育推广是传播生态翻译伦理观的关键环节。人们需要将生态翻译伦理观纳入翻译课程体系，提高翻译专业学生及翻译从业人员的生态翻译意识，培养具备生态翻译能力的人才。翻译教育机构应加大对生态翻译伦理观的宣传力度，将其融入课程设置、教学内容和教学方法中，确保学生能全面了解和掌握生态翻译伦理观。

（4）媒体宣传：媒体宣传是传播生态翻译伦理观的有效手段。人们可以利用各种媒体平台，宣传生态翻译伦理观的理念及实践成果，引导社会公众对翻译实践的关注和理解。可以通过报纸、杂志、网络等各种渠道传播生态翻译伦理观的案例，让更多人了解和接受这一观念。

（5）政策支持：政策支持是传播生态翻译伦理观的重要保障。人们需要争取政府及行业组织对生态翻译伦理观的支持与推广，为生态翻译伦理观在翻译实践中的应用创造良好的外部环境。政府和相关行业组织可以在政策的制定与落实层面给予支持，例如设立生态翻译研究和推广专项资金，鼓励企事业单位和高校开展生态翻译实践活动，对积极推广生态翻译伦理观的单位给予奖励和扶持。

（6）国际合作：国际合作是传播生态翻译伦理观的重要途径。需要加强与国际翻译组织和研究机构的合作，推动生态翻译伦理观在全球范围内的传播和应用。通过国际研讨会、交流项目等形式，来自世界各地的翻译工作者可以共享生态翻译伦理观的最新理念，共同探讨翻译实践中的生态问题，以促进全球翻译学科的发展。

生态翻译伦理观的重塑与传播对于提高翻译质量、促进跨文化交流以及保护语言生态具有重要意义。在全球化和跨文化交流日益加速的背景下，生态翻译伦理观为翻译实践指明了方向，为翻译学科的可持续发展提供了有力支撑。通过加强生态翻译伦理观的研究、教育、传播等方面的工作，笔者有理由相信，生态翻译伦理观将在未来的翻译领域中发挥更加重要的作用。

参考文献

[1] 曾景婷. 高校科技英语翻译教学研究 [M]. 北京 / 西安：世界图书出版公司，2017.

[2] 晁正. 商务英语翻译与教学研究 [M]. 长春：吉林大学出版社，2020.

[3] 高苗. 多元视角下的英语翻译教学研究 [M]. 北京：九州出版社，2017.

[4] 焦健. 生态翻译学视阈下的法律英语翻译 [M]. 哈尔滨：黑龙江人民出版社，2020.

[5] 刘爱玲，魏冰，吴继琴. 英语语言学与英语翻译理论研究 [M]. 长春：吉林出版集团股份有限公司，2020.

[6] 刘芳琼. 英语翻译与中西文化对比融合研究 [M]. 北京：九州出版社，2020.

[7] 宁云中. 生态、空间与英语教育教学研究 [M]. 北京：中国戏剧出版社，2019.

[8] 田宏标. 中外文化差异与大学英语翻译研究 [M]. 长春：东北师范大学出版社，2019.

[9] 魏婉. 生态翻译视角下文学翻译教学研究 [M]. 长春：吉林人民出版社，2020.

[10] 张芳红. 英语翻译与文化融合 [M]. 沈阳：辽海出版社，2019.

[11] 张颖. 生态翻译学理论与应用研究 [M]. 长春：吉林人民出版社，2020.

[12] 朱慧芬. 生态视域下的商务英语翻译理论与实践研究 [M]. 北京：北京理工大学出版社，2013.